HORST-JOACHIM JAECK

Der Markt im Wandel der Jahrtausende

Erster Band

Betriebswirtschaftliche Schriften

Heft 94

Der Markt im Wandel der Jahrtausende

Entwicklungsgeschichte städtischer Geschäftszentren

Erster Band: Urzeit und Antike

Von

Prof. Dr. Horst-Joachim Jaeck

DUNCKER & HUMBLOT / BERLIN

Alle Rechte vorbehalten
© 1979 Duncker & Humblot, Berlin 41
Gedruckt 1979 bei Buchdruckerei Bruno Luck, Berlin 65
Printed in Germany
ISBN 3 428 04358 8

Meiner Frau
Marie-Elisabeth

Es entsteht also, sprach ich, eine Stadt, wie ich glaube, weil jeder einzelne von uns sich selbst nicht genügt, sondern gar vieles bedarf. Oder glaubst du, daß von einem anderen Anfang aus eine Stadt angesiedelt wird?

Von keinem anderen, sagte er.

Auf diese Weise also, wenn einer den anderen, den zu diesem und den wieder zu jenem Bedürfnis hinzunimmt und sie so, vieler bedürftig, auch viele Genossen und Gehilfen an einem Wohnplatz versammeln, ein solches Zusammenwohnen nennen wir eine Stadt. Nicht wahr?

Allerdings.

... Wohlan, sprach ich, laß uns also in Gedanken eine Stadt von Anfang an gründen. Es gründet sie aber, wie sich zeigte, unser Bedürfnis.

Was wohl sonst!

... Und wie? Wird einer wohl etwas besser verrichten, wenn einer vielerlei Künste ausübt oder wenn jeder nur eine?

Wenn jeder nur eine, sagte er.

... Hiernach also wird alles reichlicher zustande kommen und schöner und leichter, wenn einer eines seiner Natur gemäß und zur rechten Zeit, mit allem anderen unbefaßt, verrichtet.

Auf alle Weise freilich.

... Wie aber nun in der Stadt selbst? Wie sollen sie einander mitteilen, was jeder gefertigt hat, weshalb sie doch eigentlich die Gemeinschaft eingegangen sind und die Stadt gegründet haben?

Offenbar, antwortete er, durch Kauf und Verkauf.

Hieraus wird uns also ein Markt und Münze als bestimmtes Zeichen zum Behuf des Tausches entstehen.

Allerdings.

Wenn nun der Landmann, der etwas von seinen Erzeugnissen zu Markte bringt, oder auch ein anderer Arbeiter, nicht zur selben Zeit da ist wie die, welche seine Waren einzutauschen bedürfen, so wird er, von seiner eigentlichen Arbeit feiernd, auf dem Markt sitzen.

Ganz und gar nicht, sagte er, sondern es finden sich schon welche, die dies sehend sich selbst zu diesem Dienste bestimmen, welches in wohleingerichteten Städten fast immer die körperlich Schwächsten sind, die nicht taugen, irgendein anderes Geschäft zu verrichten. Diese müssen das auf dem Markte abwarten und das eine für Geld eintauschen von denen, die etwas verkaufen wollen, den anderen aber wieder gegen Geld vertauschen, die etwas zu kaufen nötig haben.

Dieses Bedürfnis nun, sagte ich, erzeugt uns die Krämer in der Stadt.

(*Platon:* Politeia II 369 c ff.)

Vorwort

Diese Arbeit ist im Zusammenhang mit meinen anderen Büchern „Marketing und Regional Science", „Konsum- und Absatzprognose", „Begriff und Typen des Shopping Centers", „Geschichte des Shopping Centers" und den geplanten Bänden „Planung und Entwicklung des Shopping Centers" sowie „Das Shopping Center im Wettbewerb" als Teil einer umfassend angelegten Studie über die soziale Physik von Marktfeldern und den historischen Entwicklungs- und Planungsprozeß von Einkaufszentren im Rahmen der Handelsurbanistik zu sehen.

Im Gegensatz zur „Geschichte des Shopping Centers" beschäftigt sich diese Arbeit mit der Entstehung und Entwicklung von städtischen Geschäftszentren. Über die begrifflichen Abgrenzungen der städtischen Geschäftszentren sind bereits in dem Band „Begriff und Typen des Shopping Centers" Ausführungen gemacht worden, auf die hier verwiesen wird.

Besonderen Dank schulde ich Frau *Anni Kerner* für ihre mühevolle Arbeit des Schreibens des Manuskriptes. Meiner Frau *Marie-Elisabeth* danke ich herzlich für die Anfertigung des Literaturverzeichnisses.

Schloß Sandizell, im Frühjahr 1978

Horst-Joachim Jaeck

Inhaltsverzeichnis

A. **Methodische Vorbemerkung** 13

B. **Regionale Typen historischer Geschäftszentren** 15

    I. Präurbane Tauschplätze und archaische Tempelhöfe 15
        1. Exkurs: Siedlungsweise und Güterumlauf in neolithischen Dorfkulturen 16
        2. Funktion und Gestalt neolithischer Dorf- und Sammelplätze 21
        3. Exkurs: Entstehen städtischer Siedlungsformen 22
        4. Gestalt und Funktion der Tempelhöfe 27

    II. Orientalische Suks und Bazars 31
        1. Archäologische Funde und Wortgeschichte 31
        2. Überlieferungen Herodots 32
        3. Geschäftsleben und topographische Struktur 33
        4. Heutiges Erscheinungsbild 35

    III. Agorai der griechischen Antike und des Hellenismus 37
        1. Eigenart der antiken Polis 37
        2. Die Agora von Athen 39
        3. Die frühgeschichtliche Agora 41
        4. Die Agora des hippodamischen Systems 43
        5. Die Agora der hellenistischen Stadtgründungen 46

    IV. Fora der römischen Antike 48
        1. Entwicklung Roms zur Großmacht 48
        2. Das Forum Romanum 49
        3. Einzelne Verkaufsgebäude und Händler 53
        4. Entwicklung von Spezialmärkten 56
        5. Die Kaiserforen in Rom 57
            a) Das Forum Julium 57
            b) Das Forum Augusti 58
            c) Das Forum Pacis 59
            d) Das Forum Nervae 59
            e) Das Trajansforum 60
        6. Fora der römischen Provinzen 61
        7. Historische Wurzeln des Forums 62
        8. Typologie der Foren 63

C. **Schlußbemerkung** 65

Literatur- und Quellenverzeichnis 66

A. Methodische Vorbemerkung

Das Phänomen des städtischen Geschäftszentrums läßt sich nur in Verbindung mit den geschichtlichen Ursachen und der allgemeinen Entwicklung des wirtschaftlichen und gesellschaftlichen Lebens und der urbanen Kultur begreifen.

Da diese Arbeit teils durch Literaturstudium, teils durch Augenschein wichtiger Denkmale entstanden ist, kann nicht in Anspruch genommen werden, die *historische Methode* anzuwenden. Das Vorgehen kann deshalb allenfalls als *„historisierend"*[1] bezeichnet werden.

Während die eigentliche Geschichte des modernen Geschäftszentrums erst relativ spät angesetzt werden kann, lassen sich einzelne Elemente oder verwandte Frühformen von Geschäftszentren weit in die Vergangenheit des Städtebaus und des Einzelhandels zurückverfolgen. Wenn sich auch die historischen Ursprünge der Geschäftszentren im Dunkel der Geschichte verlaufen und ein großer Teil ihrer Vergangenheit verschüttet oder unwiderruflich verloren ist, so lassen sich doch in späteren Epochen *regional differenzierbare Eigenarten des Geschäftszentrums* feststellen. Beispielsweise sind hier, ausgehend vom neolithischen Dorfplatz und archaischen Tempelhof, der orientalische Bazar, die griechische Agora, das römische Forum, der mittelalterliche Marktplatz und die Geschäftsstraße der Neuzeit[2] anzuführen.

Die Geschichte des urbanen Einzelhandels scheint von *zwei polaren Tendenzen* beherrscht zu sein:

(1) einer wachsenden standortlichen Konzentration und Arbeitsteilung im Leistungsangebot der einzelnen Geschäfte mit gleichzeitig zunehmender architektonischer Strukturierung und ästhetischer Gestaltsprägung der gesamten Marktplatzanlage,

(2) einer sich allmählich ausbreitenden Deglomeration und schwindenden Spezialisierung der Betriebe mit oft parallel laufender städtebaulicher Amorphisierung und ästhetischer Degeneration des ökotopischen Gesamtgefüges.

Hinsichtlich der absatzwirtschaftlichen Bedeutung und urbanen Ausstrahlungskraft der Marktzentren ergibt sich folglich ein fortwährender Wandel zwischen Wachstum und Rezession, zwischen *Aufschwung zur Metropole* und *Absinken ins Provinzielle*.

---

[1] Vgl. *Jaeck*, H.-J.: Marketing und Regional Science, Berlin 1972, S. 181 f.
[2] Vgl. ibid., S. 27 ff.

Je nach Art der Untersuchung lassen sich diese Prozesse entweder in Form von Entwicklungsstufen mit anschließenden komparativ-statischen Querschnittsanalysen oder in Form von dynamischen Verlaufsanalysen mittels vergleichender Zeitreihenbetrachtung und kausalgenetischen Potentialanalysen erforschen.

Für die hier angestrebte *„genetisch-historisierende"* Betrachtung der „Wachstumsspitzen" der Marktkernentwicklungen soll aber der Schwerpunkt auf die regionalen Unterschiede ausgewählter Charakterisierungsmerkmale und deren Ausprägungsformen und weniger auf eine geschichtliche Analyse im eigentlichen Sinne gelegt werden.

B. Regionale Typen historischer Geschäftszentren

I. Präurbane Tauschplätze und archaische Tempelhöfe

Unabhängig vom Anspruch auf Kontinuität in der Beobachtung historischer Vorgänge erscheint es angebracht, zunächst die zeitlich vor den städtischen Siedlungsformen liegenden *neolithischen Dorfkulturen* ins Auge zu fassen, da in ihnen schon die Keime der in den späteren Stadtstrukturen entfalteten Marktfunktionen mit ihren institutionellen Vorrichtungen angelegt waren. Zwar fehlte ihnen insbesondere die architektonische Ausprägung der Funktionen, gleichwohl „war die Stadt embryonal schon im Dorf angelegt. Haus, Altar, Zisterne, öffentlicher Weg und Agora — noch kein eigentlicher Marktplatz — nahmen alle zuerst im Dorf Gestalt an; sie waren Erfindungen und organische Differenzierung, die dann in der komplizierteren Struktur der Stadt fortgeführt wurden"[1].

Bevor jedoch die Zivilisationsstufe des Dorfes erreicht war, mußte ein sich über Jahrtausende erstreckender Entwicklungsprozeß von den primitiven *Hominidenhorden* der Jäger- und Sammlerinnengesellschaft (Wildbeuterkulturen des Paläolithikums)[2] über die *Pflanzerkulturen* des Mesolithikums und Neolithikums[3] und schließlich der *Viehzüchterkulturen*[4] mit bereits für Jahrzehnte bestehen bleibenden dorfähnlichen Siedlungen vollzogen werden[5].

---

[1] *Mumford*, L.: Die Stadt. Geschichte und Ausblick, aus dem Amerikanischen übersetzt von H. Lindemann, Köln 1963, S. 21.

[2] Vgl. zur *Epocheneinteilung Heichelheim, F. M.*: Wirtschaftsgeschichte (II) Epochen (1) Vorzeit, in: Handwörterbuch der Sozialwissenschaften (HDSW), Bd. 12, S. 141 ff.

[3] „Zwischen etwa 10 000 und 3 400 v. Chr., wie Radiokarbondatierungen chronologisch festlegten, lagerte sich dann über die sog. Wildbeuterkulturen ein ständig allgemeiner und intensiver werdender Oberbau landwirtschaftlicher Produktion" (ibid., S. 142). — Zur Methode der *Radiokarbondatierung* vgl. z. B. *Libby*, W.: Radiocarbon-Datin, 2. Aufl., Chicago 1955.

[4] „Die *Jagd* auf wild lebende Großherdentiere vollzog sich ursprünglich sachgegebener Weise so, daß eine Jägerhorde einer Herde auf ihren jahreszeitlich pendelnden Weidewegen folgte. Dadurch wurden die Jäger immer mehr mit den Lebensgewohnheiten ‚ihrer' Herde vertraut. Wenn man nicht selbst den Schaden haben wollte, mußte man es allmählich lernen, Muttertiere zu schonen, konkurrierende Raubtiere zu vertreiben usw., überhaupt die Herde zu ‚bewirtschaften'. So ergab sich ... ganz allmählich und unmerklich, sozusagen von selbst, ein Übergang von der Jagd zur hegenden *Zucht*" (*Rüstow*, A.: Ortsbestimmung der Gegenwart. Eine universalgeschichtliche Kulturkritik, Bd. I: Ursprung der Herrschaft, Erlenbach - Zürich / Stuttgart 1950, S. 45 f.). — Hervorhebungen vom Verfasser.

1. Exkurs: Siedlungsweise und Güterumlauf in neolithischen Dorfkulturen

„Die frühesten, dauernd bewohnten Siedlungen Seßhaftgewordener der Jungsteinzeit erscheinen im Bereiche der antiken Welt erst nach 5000 v. Chr. und zwar um ± 4700 v. Chr. etwa gleichzeitig in *Ägypten, Palästina, Syrien, Mesopotamien* und im *Iran*. In den genannten Ländern nehmen diese Siedlungen um 4400 v. Chr. Dorfformen an[6]." Insgesamt haben sich in der alten Welt *fünf* große, an ihren Grenzsäumen sich vielfach wechselseitig durchdringende, *steinzeitliche Kulturregionen* mit mehr oder weniger reicher Struktur entwickelt:

(1) Die südosteuropäisch-vorderasiatische Region (mit *„Bandkeramik"*)

(2) die nordische Region *(„Megalithkultur")*

(3) die westeuropäische Region *(„Glockenbecherkultur")*

(4) die mitteleuropäische Region *(Mischgebiet)*

(5) die *„Pfahlbautenregion"* mit der Schweiz als Kern[7].

Die früheren indianischen Lebensformen der altamerikanischen Hochkulturen entwickelten sich in relativ größerer Isolierung als die vergleichbaren Kulturen am Nil, Euphrat, Tigris, Brahmaputra, Ganges und Jangtsekiang[8]. Auch scheint der Stand der Forschung in diesen Gebieten vorläufig noch keine gesicherten Aussagen zuzulassen. „So sehr in den letzten Jahrzehnten die Kenntnis der *altamerikanischen Kulturen* im einzelnen gefördert worden ist, indem sich die Amerikanistik immer mehr zu einer selbständigen Wissenschaft entwickelt hat, fehlt es doch an einer Gesamtauffassung[9]."

Mit der Anlage von Pflanzungen war der wirtschaftliche Anlaß zur *Seßhaftwerdung* gegeben, zumindest solange, wie jeweils der Boden in seiner agraren Ertragskraft noch nicht erschöpft war[10].

---

[5] Vgl. *Schwarz*, G.: Allgemeine Siedlungsgeographie, 3. Aufl., Berlin 1966, S. 28 f.; *Richthofen*, F. v.: Allgemeine Siedlungs- und Verkehrsgeographie, Berlin 1908, S. 108; *Müller-Wille*, W.: Arten der menschlichen Siedlung. Versuch einer Begriffsbestimmung und Klassifikation, in: Ergebnisse und Probleme moderner geographischer Forschung, H. *Mortensen* zum 60. Geburtstag, Bremen-Horn 1954, S. 144.

[6] *Egli*, E.: Geschichte des Städtebaues, Bd. I: Die Alte Welt, Erlenbach - Zürich / Stuttgart 1959, S. 13. — Hervorhebungen vom Verfasser.

[7] Vgl. *Behn*, F.: Kultur der Urzeit, Bd. I: Die vormetallischen Kulturen, 4. Aufl., Berlin 1950, S. 66 ff.

[8] Vgl. *Honigsheim*, P.: Wirtschaftsgeschichte (II) Epochen: (2) Altertum: (B) Altamerikanische Hochkulturen, in: HDSW, Bd. 12, S. 156.

[9] *Hettner*, A.: Der Gang der Kultur über die Erde, 3. Aufl., Darmstadt 1969, S. 160, Anmerkung 28.

[10] L. *Mumford* vermutet, daß die Grabstätten der primäre Anlaß zur Seßhaftwerdung gewesen seien (vgl. *Mumford*, L.: Die Stadt, S. 5).

I. Präurbane Tauschplätze und archaische Tempelhöfe

Die allmählich sich ausprägenden und verbreitenden landwirtschaftlichen Siedlungsformen — ursprünglich als patriarchalisch oder matriarchalisch organisierte *Sippensiedlungen* von 20 bis 50 Hütten, später schließlich als *Dörfer* mit 300 und mehr Hütten[11] — wiesen neben ihrer dominierend lokalwirtschaftlich autarken Struktur auch schon einige regionalwirtschaftliche Besonderheiten auf: Einerseits bedingt durch die geringe Größenordnung der Siedlungseinheiten und demgemäß unbedeutender Arbeitsteilungsmöglichkeiten und andererseits durch die mehr oder weniger extensive Wirtschaftsweise ist der *Flächenbedarf* pro Kopf als Ernährungsgrundlage entsprechend hoch bzw. die Grenze der Tragfähigkeit entsprechend niedrig. Wächst nun die Größe einer solchen zusammenlebenden Gruppe über ein bestimmtes Maß hinaus, so steigt die benötigte Nutzfläche des Areals und damit die Belastung durch die bei ihrer Bewirtschaftung sich ergebenden Entfernungen (Transportkosten in Form von *Opportunitätskosten*) überproportional im Vergleich zur langsamer steigenden *Ertragskraft* aufgrund höherer Arbeitsteilungsmöglichkeiten, so daß es zur räumlichen Abspaltung der Siedlungsgruppen kommt[12]. Diese räumlich getrennten lokalen Siedlungseinheiten mit ihren zugeordneten und sorgsam verteidigten Nahrungsbereichen, die sich durch *Filiation* in freier Anpassung an das Gelände bilden und vermehren[13], stehen aber zugleich in einem regionalen Kontakt, der durch wechselseitige Übermittlung von Viehzüchter- und Pflanzermethoden[14] und beschränktem Güteraustausch (*Handel* in Form regulären Markt- und Hausierhandels, *Schenkung, Raub, Kriegsbeute, Tribut, Entschädigung*, usw.)[15] im Laufe der

---

[11] Vgl. *Heichelheim*, F. M.: Wirtschaftsgeschichte (II 1), S. 142.

[12] Vgl. *Rüstow*, A.: Ortsbestimmung der Gegenwart, S. 39. *Rüstow* sieht als Grund der Segregation lediglich das Steigen der Transportkosten bei gleichbleibender Wirtschaftsweise und übersieht die prinzipielle Möglichkeit der Ertragssteigerung durch höhere Arbeitsteilung bei wachsender Kopfzahl der Siedlungsgruppe. — Daß diese Tendenz der räumlichen Abspaltung durchaus nicht durchgängig Bedeutung hat, zeigt beispielsweise die 1958 von J. *Mellaart* entdeckte und unter seiner Leitung ausgegrabene neolithische Siedlung *Catal Hüyük*, etwa 52 km südöstlich von *Konya* in *Anatolien* gelegen, die mit einem Areal von gut 125 000 qm die weiträumigste neolithische Siedlung des gesamten Vorderen Orients und eigentlich eine neolithische Stadt ist (vgl. *Alkim*, U. B.: Anatolien I. Von den Anfängen bis zum Ende des Zweiten Jahrtausends v. Chr., übersetzt aus dem Französischen von G. *Pause*, Archaeologia Mundi, München - Genf - Paris 1968, S. 52).

[13] Vgl. *Bobek*, H.: Die Hauptstufen der Gesellschafts- und Wirtschaftsentfaltung in geographischer Sicht, in: Die Erde, 90. Jg., 1959, S. 271.

[14] Vgl. *Heichelheim*, F. M.: Wirtschaftsgeschichte (II 1), S. 142.

[15] „Je mehr es der Forschung gelingt, die Frühzeit zu erhellen, desto deutlicher wird es, daß es schon in der jüngeren Steinzeit einen weitreichenden Güteraustausch gegeben haben muß" (*Kellenbenz*, H.: Handelsgeschichte, in: HDSW, Bd. 4, S. 794). — Jedoch scheint es sich hier um einen, öfters anzutreffenden, voreilig gefaßten Fehlschluß zu handeln. — „Die Tatsache, daß Gegenstände aus Holz, Stein, Tierknochen, Mineralien häufig an Orten aufgefunden worden sind, die von ihren Ursprungsländern weit entfernt sind,

Zeit immer intensivere Formen annimmt. Im Zusammenhang damit entfalten sich durch Herausbildung arbeitsteiliger Lebensformen, örtlicher Rohstoffvorkommen oder Tradition von Bearbeitungstechniken innerhalb der Sippen regionale Spezialisierungen von *Dorfbauern-* oder *Stammesgewerben*[16].

Für diese ausgedehnteren Siedlungsgebiete wurde die *Naturlandschaft* gemäß den damaligen Bedürfnissen umgewandelt und *humanisiert*[17], so daß die regionalen Dorfkulturen des Neolithikums wie kleine Inselgruppen in dem Ozean einer sonst vom Menschen unveränderten, archaischen Urlandschaft erscheinen[18]. Bedingt durch den Zeitbedarf für die *Diffusion der neolithischen Innovation* innerhalb unterschiedlicher Regionen und die entsprechend differenzierten Verspätungs-

---

gilt bei den Archäologen als ein Beleg für das Bestehen eines Tauschverkehrs in prähistorischer Zeit. Doch über alles weitere, diesen Tauschverkehr betreffende, gehen ihre Ansichten weit auseinander; so zunächst über die Hauptfrage, ob überhaupt, in diesem oder jenem Fall, die betreffenden Gegenstände als lokale Erzeugnisse zu betrachten sind, oder als von auswärts eingeführte, ferner ob es sich um Tauschverkehr handelt, oder ob hingegen Raub in Frage kommt, endlich ob die Erzeugnisse vielleicht von wandernden oder erobernden Völkerschaften zurückgelassen sein mögen" (*Kulischer, J.*: Allgemeine Wirtschaftsgeschichte des Mittelalters und der Neuzeit, Bd. I: Das Mittelalter, 3. Aufl., München - Wien 1965, S. 78).

[16] Vgl. *Bobek, H.*: Die Hauptstufen der Gesellschafts- und Wirtschaftsentfaltung in geographischer Sicht, S. 270.

[17] Vgl. *Heichelheim*, F. M.: Wirtschaftsgeschichte (II 1), S. 142. — Dabei spielte die Nutzung der Feuerwirkung in Form von bewußt entfesselten Flächenbränden, die freilich nicht in allen geographischen Regionen gleichermaßen möglich waren, zur Lichtung des Bewuchses eine bedeutende Rolle (vgl. *Bobek, H.*: Die Hauptstufen der Gesellschafts- und Wirtschaftsentfaltung in geographischer Sicht, S. 267).

[18] Vgl. ibid., S. 265. — Die durch die *theologische Geschichtsauffassung* verbreitete Herleitung dieser ersten seßhaften Menschengruppen aus dem Quellraum von Euphrat und Tigris (vgl. z. B. *Keller*, W.: Und die Bibel hat doch recht — Forscher beweisen die historische Wahrheit, Düsseldorf - Wien 1955), der „Flüsse des Paradieses", konnte durch moderne getreideökologische Methoden der archäologischen Regionalforschung inzwischen falsifiziert werden (vgl. *Kirsten*, E.: Von der Vorzeit bis zum Mittelalter, Raum und Bevölkerung in der Weltgeschichte, Bevölkerungs-Ploetz, Bd. 2, 3. Auflage, Würzburg 1968, S. 151 f.). Lediglich wenn die Raumfrage nach dem Ursprung entwickelter Kulturformen gestellt wird, läßt sich die geschichtstheologisch orientierte These aufrechterhalten (vgl. ibid.). Die erfolgten Fortschritte der archäologischen Forschungen haben vielmehr die These bestätigt, daß „die Entstehung der Ackerbaukultur als Grundlage für die Existenz einer seßhaften Bevölkerung nicht in den Stromländern, sondern in den Gebirgsregionen oberhalb von ihnen angesetzt werden müssen, daß also die Besiedlung der Stromländer und Meeresküsten bereits Ergebnis einer ersten Völkerwanderung war. Dabei werden freilich die Anfänge der Seßhaftigkeit um Jahrtausende bis 7000 v. Chr. hinaufgerückt" (*Kirsten*, E.: Von der Vorzeit bis zum Mittelalter, S. VIII; vgl. auch z. B. *Birket-Schitz*, K.: Geschichte der Kultur. Eine allgemeine Ethnologie, o. O. o. J., S. 485). Sehr frühe Schichten dieser Zivilisationsform sind auch bei *Jericho* in *Palästina* (frühneolithische Dorfsiedlung aus dem 7. bzw. 8. Jahrtausend v. Chr.) gefunden worden (vgl. *Heichelheim*, F. M.: Wirtschaftsgeschichte (II 1), S. 142).

I. Präurbane Tauschplätze und archaische Tempelhöfe

effekte durch verhältnismäßig größere Isolierung bzw. Distanz einiger Kulturkreise von den Neuerungszentren lassen sich bei Querschnittsanalysen Gebiete voneinander abweichender Entwicklungsstufen erkennen. So lebten etwa auf unserem Kontinent die *Römer*, die neolithischen Bewohner der *Pfahlbaudörfer* und die *Höhlenbewohner der Dordogne* zur gleichen Zeit, wie beispielsweise anfangs des 16. Jahrhunderts die *aztekischen Städter*, die *Dörfler des Nordwestens* und die *Jägerstämme des Nordens in Mexiko* nebeneinander gelebt haben.

Wie bereits erwähnt, hat es einen regelmäßigen Güteraustausch zwischen den einzelnen neolithischen Kulturkreisen — und damit erste *Ansätze des Hausier- und Fernhandels*, wenn auch nicht im Sinne eines professionellen Handels späterer Großkaufleute[19], so doch eines relativ ausgedehnten „Handelsverkehrs unter Amateuren", der zeitweilig zu regelrechten Marktzusammenkünften mit Austausch von Spezialitäten, Geldwerten und Nachrichten anwuchs — von Anfang an gegeben.

„Der Handel hatte seine kulturvermittelnde Rolle bereits in der älteren Steinzeit angetreten, er muß nach der Seßhaftwerdung des größeren Teiles der Menschheit in der jüngeren Steinzeit und in der fortschreitenden Aufsplitterung der Kulturen in eine immer größere Anzahl von Formkreisen erheblichen Aufschwung genommen haben, zumal sich bereits in dieser Zeit etwas zu regen beginnt, was man als Mode bezeichnen darf. Manches Fundstück, das in seiner Umgebung als Fremdling erkannt werden mußte, ist weniger Zeuge eines ethnischen als eines kulturellen Vorganges, ist Import und bezeichnet nicht eine Völkerverschiebung, sondern lediglich eine Handelsverbindung[20]."

In der damaligen Zeit bestand auch bereits eine große Vielfalt von *Verkehrsformen des Handels*. Je nach der räumlichen Ausbreitung der Tauschbeziehungen gab es sowohl den *Fernhandel*, der verschiedene, in sich geschlossene Dorfregionen verband, als auch den *Nahhandel*, der innerhalb des jeweiligen Siedlungskomplexes stattfand. Dabei kann außerdem zwischen *See-, Fluß* und *Landhandel* unterschieden werden, zumal sich dabei regelmäßig bestimmte Eigenarten entwickelten, die sich sowohl auf die siedlungsökotopischen Strukturen als auch auf die Handelsusancen auswirkten.

Differenziert man den vorgeschichtlichen Handel nach der Art des benutzten Wertmaßes für die Tauscheinheiten, so existierte einmal ein *reiner Tauschhandel* mit nichtnormierten Wertvorstellungen, zum anderen ein Handel unter Verwendung von bevorzugten, konventionalistisch bestimmten *realen Wertgütern*, die zugleich als Recheneinheiten dienten, und schließlich auch schon ein ausgeprägter Handel unter

---

[19] Vgl. *Löffelholz*, J.: Handelsgeschichte, in: Handwörterbuch der Betriebswirtschaft (HWB), 3. Aufl., Stuttgart 1956 ff. Bd. 2, Sp. 2554.
[20] *Behn*, F.: Kultur der Urzeit, S. 135.

Verwendung von *Geld* als abstrakte Werteinheit (Muscheln, Steine, Metalle usw., schließlich Münzen).

Eine besondere Form stellt der *stumme Handel*, wohl mit eine der primitivsten Formen des Fernhandels, dar, der sich besonders in Gegenden entwickelte, wo die Gefahr für Leben und Eigentum durch die Nähe der Bezirke kriegerischer Horden und Stämme bestand. Diese Tauschplätze waren meistens an strategisch dominanten Stellen der Landschaft gelegen. Die Konvention bei den Transaktionen schreibt dabei u. a. vor, daß sich die Handelsparteien persönlich nicht sehen, indem die eine Partei ihre Ware auf dem Tauschplatz deponiert und sich anschließend verbirgt, dann die andere etwa gleichwertige Güter daneben legt und wieder verschwindet. Darauf erscheint die erste Partei wieder und sorgt für den Ausgleich eines etwaigen Wertunterschiedes, darauf wieder die andere usw., bis beide Gruppen durch Unterlassen weiterer Korrekturen ihre Zufriedenheit zum Ausdruck bringen. Darauf entfernen sich beide Teile, nachdem sie getrennt die Waren des Handelspartners übernommen haben.

Ähnlich exotisch-zeremoniell geht es bei der barbarischen Sitte des *Raubhandels* zu. Hier überfällt eine kriegerische Horde ein fremdes Dorf und plündert unter traditionellen Zerstörungsmaßnahmen, läßt aber dafür ein konventionelles Entgelt für die gestohlene Ware zurück.

Eine gewisse Weiterentwicklung stellt der sog. *Gruppenhandel* dar, bei dem vor dem Überfall ausdrücklich um Erlaubnis nachgefragt wird und neben der Tauschware für den Raub noch zusätzliche Wertgegenstände als Entschädigung für die Zerstörungen zurückgelassen werden[21].

Ein wesentlicher Fortschritt des Fernhandels, weil unter friedlichen Bedingungen stattfindend, stellt schließlich der *Markthandel* dar, bei dem zu festgelegten Zeiten meist anläßlich besonderer Gelegenheiten ganze Sippen verschiedener Dorfkulturen an den Stammesbezirksgrenzen auf freien Plätzen auf neutralem Gebiet, wo alle Feindseligkeiten ruhen müssen, oft mitten im Urwald, auf Steppen oder in Wüstenoasen zusammenkommen[22]. Hier bilden sich auch allmählich echte Realpreise im Gegensatz zum konventionellen Entgelt.

Eine andere Form des höher entwickelten Fernhandels stellt der *Hausierhandel* dar, indem eine Person oder eine Sippe mit Waren von Dorf zu Dorf, von Hütte zu Hütte zieht und Waren eintauscht, die in entfernteren Regionen wieder verwendet werden können und so zu

---

[21] Vgl. *Heichelheim*, F.: Wirtschaftsgeschichte des Altertums. Vom Paläolithikum bis zur Völkerwanderung der Germanen, Slaven und Araber, Neudruck der 1938er Ausgabe, Leiden 1969, Bd. 1, S. 94 ff.

[22] Vgl. *Bücher*, K.: Die Entstehung der Volkswirtschaft, 16. Aufl., Tübingen 1922, S. 66.

I. Präurbane Tauschplätze und archaische Tempelhöfe

einer Besitzvermehrung handelsfähiger Waren gelangt, bis sie sich an einem festen Ort niederlassen kann und von hier aus einen stationären Handel innerhalb eines Dorfgebietes starten kann. Hier liegt auch der Anfang des Berufskaufmanns[23].

Der Hausierhandel spielt auch eine wichtige Rolle im Rahmen des *Nahhandels* innerhalb einer regionalen Dorfgemeinschaft, der die durch die — wenn auch geringe, so doch vorhandene Arbeitsteilung bedingten Überschüsse bzw. Mangellagen mit zum Ausgleich bringt. Auch existiert schon der *Kaufhandel zwischen Nachbarn*, wie etymologische Untersuchungen ergeben haben, eine Hilfswissenschaft für die vorgeschichtlichen Forschungen, die neben der Archäologie insbesondere für die Untersuchungen der Nahhandelsbeziehungen Bedeutung hat, da man den ausgegrabenen Gegenständen, die nicht nachweislich über größere Kulturgebiete verteilt sind, nicht ansehen kann, ob sie am Ort den Besitzer gewechselt haben oder nicht.

Eine häufige Form des intraregionalen Güteraustausches stellt auch der sog. *Geschenkhandel* dar, bei dem der eine Partner dem anderen die von ihm begehrten Güter schenkt, worauf sich dieser durch ein anderes Geschenk revanchiert. Dieser Tausch findet häufig anläßlich religiöser Feste mit genau festgelegten Riten statt. Eine andere Verkehrsart des Güterumlaufs innerhalb eines Dorfes ist schließlich noch die *Verteilung von Kollektivbesitz*[24], z. B. der Ernte oder der Beute.

2. Funktion und Gestalt neolithischer Dorf- und Sammelplätze

Was wir von der Funktion, der äußeren Gestalt und der inneren Ordnung sowie insbesondere von den Platzanlagen der jungsteinzeitlichen Dörfer und Handelswegkreuzungen wissen, stammt von lückenhaften und groben Überresten, die beispielsweise im *ägyptischen* Nilschlamm, in *polnischen* Sümpfen, auf dem Grund von *Schweizer* Seen oder in einigen ungenauen Überlieferungen durch alte Geschichten und Lieder aufbewahrt wurden[25]. Die Forschungsergebnisse über das Dorfleben heute noch existierender primitiver Kulturen können zwar nicht direkt auf die Urkulturen übertragen werden, geben aber neue Deutungsmöglichkeiten der archäologischen und vorhistorischen Funde *(indirekt potentielle interregionale Analogie-Genese)*[26].

Freilich stehen deshalb die „Kenntnisse" über die Anfänge unserer Kultur infolge der geringen Ergiebigkeit des Quellenmaterials auf unsicheren Füßen und es ist grundsätzlich die Gefahr nicht auszuschließen,

---
[23] Vgl. *Heichelheim*, F.: Wirtschaftsgeschichte des Altertums, Bd. 1, S. 96.
[24] Vgl. ibid., S. 97.
[25] Vgl. *Mumford, L.*: Die Stadt, S. 19.
[26] Vgl. *Jaeck*, H.-J.: Marketing und Regional Science, S. 181 f.

daß die heute von uns gezeichneten Bilder vom Wirtschaftsleben der Urkulturen gänzlich falsch sind, weil beispielsweise nicht sicher zu sagen ist, ob das Neolithikum die aus modernen ethnologischen Parallelen ermittelten Sitten und Gebräuche auch wirklich schon kannte. So müssen denn unsere Schilderungen speziell bei vorgeschichtlichen Analysen mit dem Vorbehalt eines potentiellen und lediglich interpretativen Charakters gekennzeichnet werden. Nun scheint es außerdem aber unsinnig zu sein, wenn die Vergangenheit vorwiegend unter dem Blickwinkel betrachtet wird (wie wir es versuchen), um etwas Elementares oder auch Besonderes für die modernen Geschäftszentren zu entdecken, diese Vergangenheitsbefunde aber so lückenhaft sind, daß sie durch zeitgenössische Parallelen interpretiert werden müssen, um einigermaßen vollständige Bilder und Modellvorstellungen zu erhalten, aus denen dann wieder Brauchbares für heutige Zwecke herausdestilliert wird, was letztlich nicht viel mehr als das erst Hineininterpretierte darstellen muß. Jedoch ist hierzu festzustellen, daß die archäologischen Befunde so lückenhaft nicht sind, daß man einem *Interpretationszirkel* erliegen muß.

Fassen wir also kurz den neolithischen Dorf-, und Sammelplatz ins Auge, so müssen wir uns je nach geographischer Umwelt *Lehm-, Schilf-* bzw. *Holzhütten* oder *steinerne Trulli* mit primitiven Kragkuppelgewölben[27] vorstellen, die mehr oder weniger wahllos angeordnet sind und evtl. einen *Platz* bilden, der wohl auch neben kultischen Zwecken (Tänze, Palaver, Geisterbeschwörungen) ein natürlicher Sammelplatz für die Tauschvorgänge bildete.

Dies ist nicht zuletzt deswegen mit einer gewissen Sicherheit zu vermuten, weil auch in späteren Zeiten die periodischen Messen und Fernhandelsmärkte *(Jahrmärkte),* auf welchen sich zu festen Zeiten zureisende Händler zusammenfanden, um ihre Waren im großen oder vereinzelt untereinander (Großhändler) oder an Konsumenten (Einzelhändler) abzusetzen, oft in Orten ihre Stätte hatten, welche wir „Dörfer" nennen[28].

3. Exkurs: Entstehen städtischer Siedlungsformen

Zwischen dem Neolithikum und der jetzt zu betrachtenden Wirtschaftsstufe liegt ein gewaltiger kultureller Entwicklungsprozeß: das Entstehen von städtischen Siedlungsformen. Somit ist es angebracht, dazu zunächst einige Angaben zu machen.

---

[27] Vgl. *Pothard,* H.: Baustile. Die Anfänge, die großen Epochen, die Gegenwart, München 1968, S. 9; *Soeder,* H.: Urformen der abendländischen Baukunst in Italien und dem Alpenraum, hrsg. von C. J. *Soeder,* Du Mont Dokumente, Reihe III, Kultur und Geschichte, Köln 1964.

[28] Vgl. *Weber,* M.: Wirtschaft und Gesellschaft, 2. Halbbd., Köln - Berlin 1964, S. 924.

I. Präurbane Tauschplätze und archaische Tempelhöfe

Im wesentlichen lassen sich *drei Wurzeln der Stadtentwicklung*[29], die inzwischen durch Ausgrabungen in der alten und neuen Welt nachgewiesen sind, erkennen:

(1) Der *Marktplatz* (aus dem Bedürfnis der Ackerbauern nach Gütern, die sie nicht selbst gewinnen oder herstellen konnten oder wollten, wie z. B. Salz, Metalle, Schmuck, Werkzeuge, Gefäße usw., und eigener landwirtschaftlicher Überschußproduktion in Form des direkten Naturaltauschs oder des durch Händler vermittelten);

(2) die *Fluchtburg* (aus dem Schutzbedürfnis gegen feindliche Überfälle bzw. der Raublust durch Ausbildung eines Kriegerstandes unter der militärischen Leitung eines Führers);

(3) der *Tempel* (aus dem Bedürfnis nach Religion und geistiger Orientierung).

Aus diesen Wurzeln entwickelten sich schon früh mannigfaltige *Kombinationsformen* mit unterschiedlichen Ausprägungsintensitäten der drei Grundmerkmale — etwa die *Tempelstadt* mit oder ohne bedeutenden Handel, die *Handels- und Handwerkerstadt* mit oder ohne Beteiligung der geistlichen bzw. weltlichen Macht oder etwa die *Pfalzstadt* mit oder ohne Handel und Handwerk bzw. Tempel.

„Mit dem Aufblühen des Städtewesens bildet sich der *Handelskapitalismus* aus, der einerseits auf dem Fernhandel der Kaufmannschaft, andererseits auf der Produktion des zünftlerisch organisierten Handwerks bzw. des Verlagswesens beruhte[30]." Entsprechend dem derzeitigen Wissenstand sind *die ältesten Stadtkulturen* um 3600 v. Chr. in *Südsibirien (Anau), Iran, Südmesopotamien (Ur, Uruk* u. a.), *Syrien* und *Palästina, (Tarsus, Jericho, Teleilat Ghassul)* und im prädynastischen *Ägypten* entstanden[31]. Nach *Alexander Rüstow*[32] entwickelten sich die

---

[29] Vgl. im folgenden *Egli*, E.: Geschichte des Städtebaues, Bd. 1, S. 13 ff.
[30] *Kellenbenz*, H.: Wirtschaftsgeschichte (I) Grundlegung, in: HDSW, Bd. 12, S. 131.
[31] Vgl. *Heichelheim*, F. M.: Stadt (II) Orient und Antike, in: HDSW, Bd. 9, S. 774. Nach *G. Schwarz* (Allgemeine Siedlungsgeographie, S. 39 f.) sind die ersten Stadtkulturen aus dem 3. Jahrtausend v. Chr. bekannt, und zwar die *Induskultur* im *Pandschab*, die *sumerisch-akkadische Kultur* im *Zweistromland* von Euphrat und Tigris und die *ägyptische Kultur* der *Niloase*. Im 2. Jahrtausend entfalteten sich dann die Stadtkulturen der *Chinesen* am *Hoangho* und der *Minoer* auf *Kreta* (die erste auf Seeherrschaft gegründete Kultur des Mittelmeerraumes, deren Erbe die *Phöniker* antraten). Im 1. Jahrtausend entwickelten sich die antiken Kulturen des Mittelmeerraumes. Diese Kernräume trugen schon in früher Zeit eine dichte Bevölkerung, und sie erscheinen auch heute noch als bedeutendste Dichtezentren der Erde. — Demnach scheint die Stadt als ureigner Ausdruck der Zivilisation erstmals in ein paar großen Flußtälern aufgetreten zu sein: am *Indus*, an *Euphrat* und *Tigris*, am *Nil* und am *Hoangho* (vgl. Mumford, L.: Die Stadt, S. 65).
[32] Vgl. *Rüstow*, A.: Ortsbestimmung der Gegenwart, Bd. 1, S. 39 ff. — Siehe dazu auch *Coste*, A.: Principes d'une sociologie objective, Paris 1899, S. 154 ff.; *Coste*, A.: Le facteur Population dans l'évolution sociale, in: Revue Internationale de Sociologie, Paris 1901, Bd. 9, S. 569 ff.; *Comte*, A.: Cours

Städte entsprechend dem *„Gesetz der Kulturpyramide"* als Wachstumsspitze der Hochkulturen bei genügender „Arbeitsteilungs- und Zusammenarbeitsbasis", die durch *„herrschaftliche Überschichtung"*[33] ermöglicht wurde. „Damit ist die Staatenbildung und zugleich die kontinuierliche Gebietsvergrößerung der Siegerstaaten und die Entwicklung der Großstaaten angebahnt[34]."

Childe's Kriterien des Urbanismus bzw. der Zivilisation sind grundsätzlich das Aufkommen der Stadt und die Einführung eines Schriftsystems; im einzelnen sind es menschliche Gruppierungen in zeitlich vollständige Spezialisten und Herrscher, die Einrichtung von Steuern und Tributen, durch die der wirtschaftliche Überschuß in der Hand einer schmalen elitären Schicht konzentriert werden kann, monumentale öffentliche Gebäude, politische Organisation, ausgeprägter und weitreichender Fernhandel und wissenschaftliche Forschungen[35].

---

de philosophie positive, Paris 1830 ff., Bd. 4, S. 455; *Durkheim*, E.: De la division du travail social, Paris 1893, S. 293.

[33] Vgl. *Rüstow*, A.: Ortsbestimmung der Gegenwart, Bd. 1, S. 39 f., 251, 259, 262, 282. — Die Hochkulturen setzen einen erheblichen Grad von Arbeitsteilung und Spezialisierung voraus, so daß u. a. größere Bevölkerungsgruppen freigesetzt und freigehalten werden können für verschiedenste Tätigkeiten höherer geistiger Art, die von der unmittelbaren Nahrungsproduktion mehr oder weniger weit entfernt liegen. Das bedingt wiederum entsprechend große, einheitlich zusammengefaßte Bevölkerungen. Eine hinreichend breite soziologische Grundfläche für den Aufbau von Hochkulturen ist erst durch den weltgeschichtlichen Vorgang der *Überschichtung*, durch die Bildung von Reichen auf dem Wege der Eroberung geschaffen worden. Dazu *bedurfte* es *zweier Voraussetzungen:* Einer seßhaften, wirtschaftlich produktiven, der militärischen Überlagerung keinen allzu großen Widerstand bietenden *Unterschicht* und einer entsprechend militärisch und organisatorisch qualifizierten *Oberschicht.* Anthropogeographisch findet die durch die Überschichtung herrschaftlich ermöglichte Spezialisierung ihren Ausdruck in der erstmaligen Entstehung von Städten. Insgesamt ergibt sich ein elementarer Zusammenhang, der eine enge Verbindung herstellt zwischen der Volkszahl, d. h. der Zahl der von einem einheitlichen Arbeitsteilungs- und Spezialisierungszusammenhang Beteiligten und der Kulturhöhe, den man das Gesetz der Verhältnismäßigkeit zwischen Grundflächenbreite und möglicher Spitzenhöhe der Kulturpyramide nennen könnte (vgl. *Rüstow*, A.: Ortsbestimmung der Gegenwart, Bd. 1, S. 39 f., 251, 282). — Zur Geschichte der Überlagerungslehre vgl. *Rüstow*, A.: Ortsbestimmung der Gegenwart, Bd. 1, S. 84 ff.; *Thurwald*, R.: Sippe und Stamm, in: HDSW, Bd. 9, S. 272 ff.; *Eisendraht*, E.: Soziale Über- und Unterordnung, in: HDSW, Bd. 9, S. 412 ff.

[34] *Gumplowitz*, L.: Eroberung und Überlagerung, Auszug aus: Soziologische Essays, Soziologie und Politik, Wien - Innsbruck 1928, S. 225 f., in: *Dreitzel*, H. P. (Hrsg.): Sozialer Wandel. Zivilisation und Fortschritt als Kategorien der soziologischen Theorie, Soziologische Texte, hrsg. von H. *Maus* und F. *Fürstenberg*, Bd. 41, Neuwied - Berlin 1967, S. 268.

[35] Vgl. *Adams*, R. M. D.: Urban Revolution. 1. Introduction, in: International Encyclopedia of the Social Sciences, Bd. 16, S. 201. — Die *urbane Revolution* war eine Transformation, die in ihrer grundlegenden Bedeutung für die kulturelle Entwicklung der Menschheit analog der der *neolithischen Revolution* war und sie um Jahrtausende voranbrachte und schließlich zur *industriellen Revolution* unserer eigenen Epoche führte (vgl. ibid.).

I. Präurbane Tauschplätze und archaische Tempelhöfe 25

Die Ausbildung des *Hirtennomadismus*, die wahrscheinlich durch Ausgliederung aus der viehhaltenden Getreidebauernkultur des Vorderen Orients vor sich ging, wo die enge Verschränkung von ökologisch verschiedenartigen Gebieten dazu anreizte, hat ebenso wie die *Getreidebauernkultur* eine Ausweitung auf benachbarte natürliche Regionen erlebt und charakteristische Abwandlungen erfahren[36]. Dabei war für die kriegerische Überschichtung der Pflanzerkulturen durch die Equidenhirten die sich schnell von den eurasischen Steppen ausbreitende *Reitkunst* von entscheidender militärischer Bedeutung. Das berittene Nomadentum wurde damit zu weitreichenden Eroberungen und Reichs- und Staatsbildungen durch Unterwerfung und Versklavung von landwirtschaftlich produktiven Ansässigen befähigt[37].

Somit ergeben sich bereits *typologisch differenzierbare Siedlungsräume*, wo neben vorerst unvermischt bleibenden neolithischen *Dorfregionen* und von nomadisierenden bzw. teilnomadisierenden Sammlerinnen- und Jägerhorden durchstreiften *Nahrungsgebieten* auch polyzentrisch nodalisierte *Stadt-Dorf-Regionen*, in denen die Metropole die integrierten und entsprechend unfrei gewordenen Agrarsiedlungen beherrscht, existieren[38].

„Apparently the first specialized administrative group, or ruling stratum, was composed of hierarchies of priests. These priests were associated with monumental temples and were in the service of gods who were regarded as resident in the individual communities[39]."

Die typische *altorientalische Stadt* als Hof-, Verwaltungs-, Tempel- und Handelszentrale mit einer Planwirtschaft unter der Herrschaft des Priesterkönigs und seiner Berater[40] unterscheidet sich folglich von Anfang an von den reinen Dorfkulturen in mannigfaltiger Weise: Während im Dorf jeder einzelne der Nachbar aller übrigen und solchermaßen durch persönliche und zum Teil verwandtschaftliche Beziehungen an seine Mitbewohner gebunden ist[41] und gegenüber außerhalb seines eigenen Lebenskreises Wohnenden betont fremdheitsbezogen

---

[36] Vgl. *Bobek*, H.: Die Hauptstufen der Gesellschafts- und Wirtschaftsentfaltung in geographischer Sicht, S. 273.
[37] Vgl. *Rüstow*, A.: Ortsbestimmung der Gegenwart, Bd. 1, S. 74 ff.
[38] P. *Sander* beschreibt das entwickeltere *altägyptische Regional- und Stadtsystem* etwa wie folgt: Das ganze Land zerfiel in 36 Bezirke, die sich wiederum in Dorfgemeinden aufteilten. Die Metropolis war der Sitz der Bezirksregierung, die jeweils für die Residenz des Pharao in der Hauptstadt durch den Nomarchen mit seinem Beamtenstab in besonderen Vorratshäusern die Naturalabgaben sammelten, die Bezirksbewohner zu königlichen Frondiensten aufboten oder Gericht abhielten (vgl. *Sander*, P.: Geschichte des deutschen Städtewesens, Bonner Staatswissenschaftliche Untersuchungen, hrsg. von *H. Dietzel* et al., Heft 6, Bonn - Leipzig 1922, S. 34).
[39] *Adams*, R. M. D.: Urban Revolution. Introduction, S. 204.
[40] Vgl. *Heichelheim*, F. M.: Stadt (II) Orient und Antike, S. 774.
[41] Vgl. *Sander*, P.: Geschichte des deutschen Städtewesens, S. 4.

bis feindlich eingestellt ist, sind die Stadtbewohner neben spärlicheren persönlichen Beziehungen zu einigen Nachbarn oder Verwandten mehr durch die arbeitsteilige Verkehrswirtschaft bedingte Anonymität im mitmenschlichen Kontakt geprägt[42]. Außerdem sind schon die altorientalischen Stadtwirtschaften im Gegensatz zu den hauswirtschaftlichen Dorfkulturen durch eine ausgeprägte Rechenhaftigkeit charakterisiert, wonach alle vertretbaren Sachen bereits als Kapital behandelt und gegen Zins ausgeliehen werden[43].

Besonders augenfällig ist der Unterschied in der architektonischen Gestalt zwischen Dorf und Stadt. *Mesopotamien*, als das Geburtsland der städtisch-monumentalen Architektur[44], weist in seinen gewaltigen Tempelbauten außerdem eine Besonderheit auf, die zugleich auch im Gegensatz zu der späteren Entwicklung der beiden archaischen Hochkulturen steht: Die Sorgfalt, die auf die künstlerische Durchbildung des Innenraumes verwendet wurde. Die direkte räumliche Verbindung mit dem Bild der Gottheit in den dörflichen Kulturen nimmt bald ein Ende und allgewaltig tritt mit der Entstehung des Großstaates der Mittler zwischen Mensch und Gott, der *Priesterkönig*, auf, der allein in einem heiligen, sonst menschenleeren Raum Zwiesprache mit der Gottheit hält[45].

---

[42] Vgl. *Bahrdt*, H. P.: Die moderne Großstadt. Soziologische Überlegungen zum Städtebau, Reinbek bei Hamburg 1961, S. 38.

[43] Vgl. *Heichelheim*, F. M.: Stadt (II) Orient und Antike, S. 775.

[44] Daß die primitive Raumkonzeption des *Monumentalismus* bis in unsere Tage und sicherlich darüber hinausgehend zu wechselnden Zeitabschnitten in unterschiedlichen Regionen hervortritt, zeigt nicht zuletzt die Architektur im Dritten Reich, von der z. B. *Egon Eiermann* im Mai 1935 sagte: „Pseudo-Barock und Pseudo-Renaissance, Gründerzeit, höfische und Biedermeier-Weltanschauung müssen herhalten, um einer neuen Zeit neuen Ausdruck zu geben. Falsche Monumentalität feiert Feste" (Eiermann, E.: Das Theater in Dessau und die Baukunst von heute, in: *A. Teut*: Architektur im Dritten Reich 1933 - 1945, Bauwelt Fundamente, hrsg. von *U. Conrads*, Bd. 19, Berlin - Frankfurt - Wien 1967, S. 242). Besonders charakteristisch hierfür scheint m. E. die weithin unbekannt gebliebene Planung einer „großen Achse" in Berlin zu sein. Nach den Angaben von *Albert Speer*, Hitlers Freund nächtlicher Tischrunden und Architekt der Welthauptstadt *Germania*, bei dem man nach *Leonardo Benevolo* nur von Zynismus und Fanatismus sprechen kann (vgl. Benevolo, L.: Geschichte der Architektur des 19. und 20. Jahrhunderts, aus dem Italienischen übersetzt von *E. Serelman*, Bd. 2, München 1964, S. 198), sollte eine Prachtstraße 120 Meter breit werden. Am nördlichen Grade, in der Nähe des Reichstages, war ein riesiger Kuppelbau, die größte Versammlungshalle der Welt, vorgesehen, in dem der Petersdom in *Rom* mehrfach Platz gehabt hätte — Durchmesser der Kuppel 250 Meter. Als Gegenpol zu dieser Halle sollte am anderen Ende der Prachtstraße ein Triumphbogen errichtet werden, der um gut 20 Meter den Arc de Triomphe überragt hätte. Und *Speer* behauptet weiter von sich, daß er eine Skizze für Ladenfronten an der großen Achse anlegte, die vergeblich versuchte, Leben in die sonst nur von Regierungsbauten flankierte Prachtstraße zu bringen (vgl. Speer, A.: Erinnerungen, 3. Aufl., Frankfurt - Berlin 1969, S. 88 ff.).

[45] Vgl. *Gideon*, S.: Ewige Gegenwart. Ein Beitrag zu Konstanz und Wechsel, Bd. 2: Der Beginn der Architektur, Köln 1965, S. 130.

Von gleicher Monumentalität und religiöser Bedeutung sind die Prozessionsstraßen, die den königlichen Palast mit den durch besondere Mauern abgetrennten Tempelbezirken und den durch mächtige Türme bewehrten Portalen der gewaltigen Stadtmauern verbinden[46].

Die Dimensionen dieser herrschaftlichen Bauten der Stadt stehen in einem starken Kontrast zu den engen Gassen und relativ bescheidenen, im Vergleich aber zu den Dorfhütten und auch zu den durchschnittlichen Häusern unserer Tage enormen Patiohäuser der Wohnviertel[47].

4. Gestalt und Funktion der Tempelhöfe

Zur weiteren Beschreibung der archaischen Stadt und insbesondere der Tempelhöfe als Mittelpunkte des urbanen Lebens ist aber zunächst eine *Unterscheidung* vorzunehmen:

„Il faut, du point vue de l'origine, distinguer deux catégories de villes: a) *les villes créés*, c'est-à-dire dont la naissance est due à une volonté humaine consciente du but qu'elle veut atteindre; b) *les villes spontanées* (les Allemands disent *gewordene, devenues*), qui ont commencé par être des villages et qui sont ensuite devenues des villes[48]."

So waren viele Residenzstädte beispielsweise in *Mesopotamien* oder *Ägypten*, die gleichzeitig die religiösen Mittelpunkte des Landes bildeten, echte *„Gründerstädte"*, die im Gegensatz zu den sukzessiv entstandenen Städten eine charakteristische Symmetrie und Linearität des Grundrisses aufwiesen. Dieser Umstand ist gerade für die uns interessierende Beziehung zwischen Städtebau und Handel, genauer: die architektonische Ausprägung der Marktfunktion in Form eines eigens dafür geschaffenen und künstlerisch geformten *Platzes* bedeutungsvoll[49]. „Exactly as towns in their totality either have grown naturally from villages, trading posts, military camps, castles, and monasteries, or were built following a preconceived design, so the

---

[46] Vgl. *Sander*, P.: Geschichte des deutschen Städtewesens, S. 36.
[47] Vgl. *Schneider, W.*: Überall ist Babylon. Die Stadt als Schicksal des Menschen von Ur bis Utopia, Knaur Taschenbuch Nr. 79, München / Zürich 1965, S. 32, 49.
[48] *Lavedan*, P.: Géographie des Villes, Géographie Humaine, Nr. 9, hrsg. von P. Deffontaines, Neue Ausgabe, Paris 1959, S. 18. — Vgl. dazu die *Kritik* von *H. P. Bahrdt:* Die moderne Großstadt, S. 64 ff., wonach Begriffe wie „natürlich", „Wachstum", „organisch" als der Biologie entlehnte Begriffe in ihrer Anwendung auf Kulturprozesse nur zu falschen Deutungen führen, da sie die eigentlichen Vorgänge verhüllen und die begrifflichen Grenzen ineinander fließen lassen. Der eigentliche Vorgang der städtischen Strukturierung sei ein geistiger Prozeß, er habe nichts mit natürlichem Wachstum zu tun. Er sei vielmehr unnatürlich und „unwahrscheinlich" wie alle Kulturleistungen.
[49] Vgl. dazu auch *Jaeck*, H.-J.: Marketing und Regional Science, S. 165 ff.

individual square within a town either might have developed gradually out of certain existing conditions or might have been planned"[50]. Im Sinne der Definition von *Paul Zucker* haben die archaischen Kulturen *keine künstlerisch geplanten* und ästhetisch ausgeformten *Platzanlagen* hervorgebracht[51]. In den Stadtanlagen *Mesopotamiens* sind nicht die Plätze, sondern die Tempel und Paläste und vor allem die großen Achsen der Prozessionsstraßen die dominierenden und bewußt hervorgehobenen Faktoren. Die großen offenen Flächen vor den Tempeln und Palästen sind strukturlose Bestandteile derselben[52]. „The specific function of a square, for instance, as a market square, as a traffic center, or as a parvis, *never* produces *automatically* a definite spatial form ... it is necessary to seperate the various functions from the basic spatial concepts. On the one hand, many market squares may develop later on into monumental civic centers; on the other hand, eloquently decorative plazas may sometimes be transformed amidst a changed neighbourhood into mere recreational squares. Such developments prove that the archetypes are structural, that they are spatially, and not functionally, defined[53]." Die gewaltigen Hofräume oder Hoffolgen innerhalb der *altägyptischen Palast- oder Tempeldistrikte* haben zwar oft das Ausmaß öffentlicher Plätze, sind aber, obwohl sie in ihrer achsialen Orientierung architektonisch strukturiert sind, keine „genuine squares", weil sie als Plätze keine Funktionen erfüllen[54]. „Only after 500 B. C. did genuine squares develop in *Greece*[55]."

Sieht man von diesen strengen und zum Teil einseitigen ästhetischen Maßstäben für die Platzgestaltung von *P. Zucker* ab, so ist damit nicht gesagt, daß der Handel und kommerzielle Güteraustausch in den alt-

---

[50] Zucker, P.: Town and Square. From the Agora to the Village Green, New York - London 1959, S. 3.

[51] „Space is perceived by the visualization of its limits and by kinesthetic experience, i.e., by the sensation of our movements ... For the square, then, three spaceconfining elements exist: the row of surrounding structures, the expansion of the floor, and the imaginary sphere of the sky above ... The correlation of these principal elements that confine a square is based on the focal point of all architecture and city planning: the constant awareness of the *human scale* ... Here, ‚space', designating generally a three-dimensional expansion of any kind, is used more specifically. It means a structural organization as a frame for human activities and is based on very definite factors: on the relation between the forms of the surrounding buildings; on their uniformity or their variety; on their absolute dimensions and their relative proportions in comparison with width and length of the open area; on the angle of the entering streets; and, finally, on the location of monuments, fountains, or other three-dimensional accents. In other words, specific visual and kinesthetic relations will decide whether a square is a hole or a whole" (Zucker, P.: Town and Square, S. 6 f., 3).

[52] Vgl. ibid., S. 23.

[53] Ibid., S. 8.

[54] Vgl. ibid., S. 25.

[55] Ibid., S. 19.

orientalischen Stadtkulturen keine Bedeutung und der *Markt* keinen Ort gehabt haben. Vielmehr wurden die Marktfunktionen — Beschaffung, Lagerung und Absatz — in *Mesopotamien, Ägypten* und überhaupt den Städten, aus denen wir die frühesten Aufzeichnungen besitzen, vom *Tempel* wahrgenommen[56]. „Overtly political controls maintained by these groups of religious specialists are not apparent, but earliest written evidence indicates that they were already engaged in widely diversified economic activities. The temples constituted integrated economic units in which production and redistribution were not limited to subsistence products but gradually expanded to include the support of craftsmen as well as specialized scribes, priests, and administrators[57]."

Während *Ägypten* sich aufgrund seiner hauptsächlich durch Wüsten abgeschlossenen Lage in seiner Handelstätigkeit zunächst auf die Agrarprodukte des Niltals beschränkte und erst mit dem Aufstieg des Neuen Reiches in *Theben* als Vermittler zwischen *afrikanischen Regionen* und dem *Vorderen Orient* eine gewisse Bedeutung erlangte, erfuhr der Warenaustausch *Mesopotamiens* aufgrund seiner verkehrsgünstigen Lage schon seit dem 4. Jahrtausend v. Chr. eine Blüte[58]. „Das Handelsleben äußerte sich vielgestaltig, vom einfachen lokalen Marktbetrieb bis zu hochentwickelten *kapitalistischen Unternehmungen*, an denen der Palast und die Tempel beteiligt waren[59]." Da sich die Stadtbewohner und die aus ferneren Gebieten Hinzugekommenen zu bestimmten Zeiten auf den Plätzen und in den Hallen der Tempel und Paläste aus *politischen Anlässen* oder wegen *kultisch-religiöser Veranstaltungen* vor dem Königspalast oder in dem heiligen Bezirk des Tempels versammelten, war damit zugleich die Voraussetzung der händlerischen Tätigkeit, das Treffen von tauschwilligen Partnern[60], gegeben, so daß sich dabei zugleich ein lebhafter *Wochen- oder Tagesmarkt* entfaltete, der die submetropolitanen Märkte bald an Bedeutung weit überstieg und so zum Mittelpunkt auch des kommerziellen Lebens wurde.

„Richtige Läden, schmale Räume, die sich nur nach der Straße öffnen, kommen ganz selten, einmal in *Assur* und ein paar Mal in *Babylon* an den Wohnhäusern vor, werden aber (als bêt mahîn) mehrfach urschriftlich genannt[61]."

---

[56] Vgl. *Mumford, L.*: Die Stadt, S. 83.
[57] *Adams, R. M. D.*: Urban Revolution. Introduction, S. 204.
[58] Vgl. *Kellenbenz, H.*: Handelsgeschichte, S. 795.
[59] Ibid.
[60] Vgl. *Soldner, H.*: Die City als Einkaufszentrum im Wandel von Wirtschaft und Gesellschaft, Betriebswirtschaftliche Schriften, Heft 27, Berlin 1968, S. 46.
[61] *Andrae*: Städtebau, A. Orient, in: Paulys Realencyclopädie der classischen Altertumswissenschaft, 2. Reihe, Bd. 3, S. 227.

Herodot beschreibt *Babylon* später so:

„Die Stadt liegt in einer großen Ebene und ist viereckig, jede Seite 120 Stadien lang. So beträgt der Umfang der Stadt im ganzen 480 Stadien. Die Stadt ist also recht groß. Sie ist aber auch die schönste Stadt von allen, die wir kennen. Zunächst läuft ein tiefer, breiter Wassergraben um sie herum. Dahinter liegt eine Mauer, 50 königliche Ellen breit; die Höhe der Mauer beträgt 200 Ellen ... Oben auf der Mauer an den beiden Rändern errichteten sie einstöckige Türme, immer zwei einander gegenüber. Zwischen den Türmen ließen sie eine Bahn für ein Viergespann. Rings um die Mauer stehen hundert Tore, alle aus Erz, auch die Pfosten und Simse ... Die Stadt zerfällt in zwei Teile: denn der Euphrat, ein großer, tiefer und reißender Strom, der aus Armenien kommt, fließt mitten hindurch. ... Vorsprünge der Mauer reichen an beiden Seiten rechtwinklig bis an den Fluß. Von dort aus zieht sich abbiegend an beiden Flußufern noch eine Mauer aus gebrannten Ziegeln entlang. Die Stadt selbst hat fast nur drei- und vierstöckige Häuser und wird von geradlinigen Straßen durchzogen, von solchen, die längs laufen, wie auch von solchen, die quer zum Fluß hinführen. Jede Gasse mündet in einen Durchgang der Backsteinmauer längs des Flusses. Es gibt also so viele Durchgänge wie Quergassen. Sie waren ebenfalls aus Erz und führten auch zum Fluß hinab.

Diese Mauer ist gleichsam der Panzer der Stadt. Eine zweite läuft auf der Innenseite herum, die kaum wesentlich schwächer ist, aber doch nicht so breit. In der Mitte jeder Stadthälfte steht ein gewaltiges Gebäude: in der einen der Königspalast mit großer, fester Ringmauer, in der anderen ein Tempel des Zeus Belos mit ehernen Toren, der sich bis zu meiner Zeit erhalten hat. Der Tempelbezirk bildet ein Quadrat, dessen Seite zwei Stadien lang ist. In seiner Mitte befindet sich ein fester Turm, ein Stadion lang und breit. Drauf steht ein zweiter Turm, wieder auf ihm noch ein Dritter, im ganzen acht Türme übereinander. Der Aufgang zu ihnen ist eine Treppe, die außen im Kreise um alle Türme herum hinaufführt. Etwa in der Mitte des Aufstiegs befindet sich ein Rastplatz mit Ruhebänken, auf die sich die Aufsteigenden setzen und ausruhen können. Auf dem letzten Turm befindet sich ein großer Tempel; darin steht ein breites Ruhebett mit schönen Decken und daneben ein goldener Tisch. Aber kein Götterbild ist dort errichtet, und kein Mensch verbringt eine Nacht in dem Tempel außer einer Frau, die aus Babylon stammt; sie hat sich der Gott vor allen erwählt[62]."

Zwar kann *Herodot* nur noch die Trümmer dieser herrlichen Stadt, der Residenz *Hammurapis*, die später noch *Alexander der Große* zur Hauptstadt seines Weltreiches machen wollte, gesehen haben, er war ihr aber doch nahe genug, um einen letzten Hauch ihres Lebens zu erhaschen und uns zu vermitteln, den selbst die reichsten archäologischen Funde nicht in sich bergen[63].

---

[62] *Herodot:* Historien, hrsg. von J. *Feix,* 1. Band, Buch 1, München 1963, S. 163 ff.
[63] Vgl. *Mumford,* L.: Die Stadt, S. 91 f.

II. Orientalische Suks und Bazars

1. Archäologische Funde und Wortgeschichte

Die bisherigen Ausgrabungen lehren, daß neben den religiösen und ökonomischen Mittelpunkten der alten Kulturen, den Tempelbezirken in den Metropolen, sich in den „plebejischen" Teilen der Städte, die oft als neuere Schichten über älteren dörflichen Siedlungen freigelegt wurden, Verkaufsräume und Werkstätten in vielfach verwinkelten Gassen und auch an kleinen Plätzen gelegen, befanden[1]. So gibt es z. B. Hinweise auf eine *„Marktstraße von Ur"*[2]. Jedenfalls hat sich auch neben dem metropolitanen Tempelhof noch ein anderer altorientalischer Typ des Marktes, der *Bazar*, mit seiner entsprechend der unregelmäßigen Bauweise der Altstadtteile für die einfache Bevölkerung gedrängten Fülle kleiner Läden, Handwerksbuden und lockend ausgelegter Waren seine städtische Form spätestens um 2000 v. Chr. gefunden[3].

Etymologisch ist das Wort *Bazar* oder Basar, das im Deutschen heute noch zur Bezeichnung von Warenverkäufen auf Wohltätigkeitsveranstaltungen dient und früher für Warenhäuser gebraucht wurde[4], nachdem es im Abendland im 17. Jahrhundert durch Orientreisende bekannt geworden war, wahrscheinlich im 19. Jahrhundert über das französische „bazar" aus dem *persischen* „bazar" (= *Markt*) entlehnt[5]. Jedenfalls handelt es sich um die persische Bezeichnung für die zumal in persischen Städten später als einheitliche Baukörper angelegten Ladenstraßen. Von Europäern wird der Begriff weiterhin für alle in besonderen Vierteln nach Gewerben zusammengedrängten Werkstatt- und Ladenzeilen orientalischer Städte gebraucht[6]. „Das Bild eines solchen Bazars in einem Gewirr enger Gäßchen und Stände, am ehesten wohl mit unseren Jahrmarktständen vergleichbar, wird nicht jedem Deutschen in gleicher Deutlichkeit vorschweben, doch liegt die Auffassung des Wortes ‚Bazar' als deutsches Fremdwort unzweifelhaft in dieser Richtung der gedrängten Fülle verschiedenartiger lockender Waren[7]."

---

[1] Vgl. *Egli*, E.: Geschichte des Städtebaues, Bd. 1, S. 15.
[2] Vgl. *Mumford*, L.: Die Stadt, S. 84.
[3] Vgl. ibid.
[4] Vgl. z. B. *Dehn*, P.: Die Großbazare und Massenzweiggeschäfte, Berlin 1899.
[5] Vgl. *Grebe*, P.: Etymologie, Der Große Duden, Bd. 7, Mannheim 1963, S. 51; *Kluge*, F.: Etymologisches Wörterbuch der Deutschen Sprache, 20. Aufl., bearb. v. W. *Mitzka*, Berlin 1967, S. 54.
[6] Vgl. *Reuther*, O.: Basar, Bazar, in: Wasmuths Lexikon der Baukunst, 1. Bd., S. 340.
[7] *Kandler*, S.: Brief an Verfasser, Bonn, 24. 3. 1964.

Ähnlich strukturiert sind beispielsweise die *arabischen Suks* oder *türkischen Tscharschys*.

2. Überlieferungen Herodots

Laut *Herodot* soll *Kyros*, König von *Persien* (559 - 529 v. Chr.), über die *Griechen* seinerzeit zu einem Boten aus *Sparta* gesagt haben: „Ich habe noch nie vor Männern Angst gehabt, die in der Mitte ihrer Städte Plätze angelegt haben, auf denen sie sich versammeln, um Eide zu schwören und sich dabei zu belügen[8]." Und *Herodot* bemerkt dazu: „Die verächtlichen Worte sprach *Kyros* über alle Griechen aus, weil sie Märkte geschaffen haben, auf denen sie Handel treiben. Die Perser selbst pflegen nämlich keine Märkte zu errichten, und sie kennen auch überhaupt keinen Handel[9]."

Wenn auch die Lyder- und Persergeschichten *Herodots* unter seinen Geschichtserzählungen wohl die mit Recht bekanntesten aus seinem Werk sind[10], so erscheint jedoch die *Herodoteische* Interpretation des *Kyros*-Zitats mißverständlich zu sein. Denn es wird auch in *Persien* von Anbeginn der Stadtbildungen Märkte gegeben haben müssen, und zwar — wie schon erwähnt — die besonders originelle Form der *Bazarviertel*, zumal eine Stadt ohne Markt schlechthin nicht vorstellbar ist[11]. Auch die bisherigen archäologischen Fundstellen zeigen die frühzeitige vermittelnde Rolle des *iranischen Hochlandes* im Norden und Süden zwischen *Sumerien* und der *Induskultur*. Sie beweisen, daß aus den Dörfern zwischen 3000 und 2000 v. Chr. Kleinstädte mit Märkten entstanden waren; offenbar aber nur dort, wo ein vorwiegend agrarstrukturiertes Hinterland oder eine günstige Verkehrslage eine solche städtische Entwicklung zuließ[12]. Vielmehr ist wohl mit dem *Kyros*-Zitat und dem Kommentar von *Herodot* die *architektonische Gestalt der Marktplatzanlagen* als solche angesprochen, zumal der typisch *persische Bazar*, bei dem die bauliche Struktur im Vergleich zum *arabischen Suk*, *türkischen Tscharschy* oder zur *marrokanischen Kasbah* relativ noch

---

[8] *Herodot:* Historien, Buch I, 143.
[9] Ibid.
[10] Vgl. *Reinhardt*, K.: *Herodots* Persergeschichten, in: *Herodot*. Eine Auswahl aus der neueren Forschung, hrsg. von W. *Marg*, Wege der Forschung, Bd. 26, 2. Aufl., Darmstadt 1965, S. 325.
[11] „Das weitere Merkmal, welches hinzutreten muß, damit wir von ‚Stadt' sprechen, ist: das Bestehen eines nicht nur gelegentlichen, sondern regelmäßigen *Güteraustausches* am Ort der Siedlung als ein *wesentlicher* Bestandteil des Erwerbs und der Bedarfsdeckung der Siedler: eines *Marktes*" (*Weber*, M.: Die Stadt, in: Archiv für Sozialwissenschaften und Sozialpolitik, Bd. 47, 1921, S. 621 ff. z. T. wieder abgedruckt in: Die Stadt des Mittelalters, hrsg. von C. *Hase*, 1. Bd.: Begriff Entstehung und Ausbreitung, Wege der Forschung, Bd. CCXLIII, Darmstadt 1969, S. 35 f.).
[12] Vgl. *Egli*, E.: Geschichte des Städtebaues, 1. Bd., S. 85.

am weitesten entwickelt ist[13], „aus einem engmaschigen Netz rechtwinklig gekreuzter Straßen"[14] besteht. Wie in den europäischen Altstadtvierteln, so wird auch besonders in den Klein- und Mittelstädten der orientalisch bestimmten Bereiche der alten Kulturländer das Geschäftszentrum durch den Bazar gebildet, auf den hin das Straßensystem ausgerichtet ist[15].

3. Geschäftsleben und topographische Struktur

Das händlerische Geschäftsleben, das sich in den altorientalischen Städten auf die *Bazarviertel* konzentriert und dort durch seine exotisch anmutende Vielfalt die okzidentalen Touristen fasziniert, ist aber zugleich durch ein uns schon seit dem Mittelalter vertrautes Ordnungselement geprägt: es ist — wie vieles im Orient — *zunftmäßig organisiert*[16], „selbst Diebe, Päderasten und die am Tische der Reichen sitzenden, gewerbsmäßigen Schmarotzer"[17]. Entsprechend sind die Gassen innerhalb des Bazars oft „zunftweise, vielfach in geschlossenen, festen Bauten zusammengefaßt, vielfach auch nur lose, aneinandergereihte Buden, die ab und an von ausgeweiteten Plätzen zur Lagerung der zahlreichen ab- und zugehenden Tragtierkarawanen unterbrochen werden"[18]. So kann man innerhalb eines größeren Bazarviertels einen Ledermarkt, einen Gold- und Silbermarkt, einen Porzellanmarkt, einen Eisenwarenmarkt, einen Gemüsemarkt, einen Seidenmarkt, einen Markt der Teppichhändler usw. unterscheiden.

Das ausschließlich der Handels- und Gewerbetätigkeit dienende *Bazarviertel* bildet in der Regel den Kern der islamischen Städte des Orients. Gewöhnlich wird dann dieses Marktzentrum von einem *konzentrischen Wohnring* umgeben, der ebenfalls durch eine strenge Viertelsbildung nach landsmannschaftlichen, rassischen oder religiösen Wohngruppen, die durch ein System von Sackgassen an ihren Scheidemauern undurchdringbar gemacht sind, charakterisiert ist[19]. Weitere bemerkenswerte Gebäudekomplexe oder Stadtteile sind naturgemäß die *Kasba* (Burg oder Alkasar), für die meistens der am höchsten ge-

---

[13] Vgl. *Reuther*, O.: Basar, Bazar, S. 340.
[14] Ibid.
[15] Vgl. *Schwarz*, G.: Allgemeine Siedlundsgeographie, S. 448.
[16] Vgl. *Passarge*, S.: Stadtlandschaften im arabischen Orient, in: Stadtlandschaften der Erde, hrsg. von S. Passarge, Hamburg 1930, S. 79.
[17] Ibid.
[18] *Busch-Zantner*, R.: Zur Kenntnis der osmanischen Stadt, in: Geographische Zeitschrift, 1932, S. 7, zitiert nach Schwarz, G.: Allgemeine Siedlungsgeographie, S. 448.
[19] Vgl. *Passarge*, S.: Stadtlandschaften im arabischen Orient, S. 74.

legene Ort innerhalb des Weichbildes an der Peripherie der Altstadt[20] in Frage kommt, die *Hauptmoschee*, deren Lage innerhalb der Stadt unterschiedlich sein kann, und vor allem die Karawansereien oder Hane bzw. *Chane*[21], die, oft an den Verlauf der Handelsstraßen orientiert, entweder innerhalb der Stadtmauern im Bereich der Stadttore oder in den daran anschließenden Vorstädten ihren Standort finden[22]. Oft enthalten auch die von den Bazarstraßen umschlossenen Blocks die dem Großhandel dienenden Chane, meist zweigeschossige Bauten, um deren offene oder überdachte Höfe Warenlager und Kontore eingerichtet sind. Andere Chane oder Karawansereien sind mehr nach dem Beherbergungsprinzip eingerichtet[23]. Diese vielfältigen, heterogen strukturierten inneren Stadtteile werden dann noch von einem *Ring von Friedhöfen mit Gebetsplätzen und Türben* (Grabkapellen) umgeben[24].

Das Zentrum des gesamten Geschäftslebens ist aber das *Bazarviertel* mit seinem Wirrwarr engster Gäßchen, Sackgäßchen und mit oft von Tonnengewölben überdeckten *Hallen* und *Kreuzgängen* und den winzigen, in die Wände der Wohnhäuser eingebauten *Läden*, in denen die Besitzer arbeiten, Reparaturen ausführen, feilschen, scherzen oder philosophieren[25]. „In größeren persischen Städten wie in *Schiras*, vor allem aber in *Isfahan*, sind die Bazare architektonisch bedeutende Anlagen und als Backsteinbauten ausgeführt, und zum Teil mit Ziegelmosaik oder Fayencefliesen geschmückt[26]." Das überwölbte Bazarstraßennetz in *Isfahan* ist hinter den Umfassungsmauern des „Meidani-Schah", des 385 m langen und 140 m breiten, nicht dem Marktverkehr dienenden Königspalastes angelegt[27].

---

[20] Der *Palast* „sitzt wie der Herrscher auf seinem Thron und hat vor sich die Beherrschten, das Volk. Dieser Gedanke des Vor-sich-Habens herrscht beinahe unumschränkt von der Zeit der ältesten Fürstensiedlung, die wir kennen, bis herab zu den späteren Königsgründungen, er ist ja auch nicht auf den Orient und auch nicht auf das Altertum beschränkt" (*Andrae*: Städtebau, A. Orient, Sp. 1974). Die Lage der Zitadelle in Verbindung mit der Stadtmauer spiegelt sich z. B. auch in den *ägyptischen Schriftzeichen* für Burg und Tempel wider (vgl. ibid.).

[21] Vgl. *Brockhaus Enzyklopädie*, 17. Aufl., 8. Bd., Wiesbaden 1969, S. 124.

[22] Etymologisch kommt das Wort „*Karawane*" aus dem persischen kárwán (= Kamelzug, Reisegesellschaft) und dem altindischen karabha (= Kamel). Das Wort ist in alle europäischen Sprachen übergegangen und tritt bei uns als Begriff des morgenländischen Fernhandels im 15. Jahrh., und zwar zuerst 1479 als Karobona, auf. Der Begriff „Karawanserei", der gleichbedeutend mit Herberge ist, wurde erst nachträglich angeglichen. Ursprünglich ist das persische Wort kárwán Särái = Gebäude, in dem Karawanen einkehren. Verwandt damit ist das Wort „Serail" (*Kluge*, F.: Etymologisches Wörterbuch, S. 352).

[23] Vgl. *Schwarz*, G.: Allgemeine Siedlungsgeographie, S. 486; *Reuther*, O.: Basar, S. 340.

[24] Vgl. *Passarge*, S.: Stadtlandschaften im arabischen Orient, S. 76 f.

[25] Vgl. ibid.

[26] *Reuther* O.: Basar, S. 340.

4. Heutiges Erscheinungsbild

Das für westeuropäische Augen malerische Jahrmarktsgewimmel der orientalischen Suks, Tscharschis oder Bazare ist heute eine der größten Attraktionen eines scheinbar ununterbrochenen Touristenstromes. Wir können in der Eigenart der Atmosphäre, die heute die Marktszenen etwa von *Bagdad, Konstantinopel, Aleppo, Kairo* oder *Marrakech* verbreiten, wahrscheinlich Spuren ältester Handelsgepflogenheiten vermuten, die, wenn auch zum Teil durch Usancen späterer Epochen überformt oder aus anderen Gegenden übernommen (und dadurch ebenfalls einen Teil ihrer Ursprünglichkeit entbehrend), so doch im wesentlichen nicht aufgegeben wurden.

Begibt man sich beispielsweise in das Labyrinth der Suks des Fatimiden-Stadtteils von *Kairo* — oder folgt auch nur, wie wir, der anschaulichen Reisebeschreibung von *Ursula Binder-Hagelstange* —, entlang zunächst noch der unter *Mohamed Ali* im 19. Jahrhundert dem Verkehr zuliebe eine West-Ost-Achse bildenden berühmten Ladenstraße „El Muski" in Richtung des ebenso berühmten *Khan el Khalili-Basars*, wo Autos schließlich nicht mehr durchkommen, wodurch man wieder deutlicher das Schlürfen der Schuhsohlen und das Rauschen der langen Gewänder hört, das jetzt aber von dem gellenden Marktgeschrei der Anpreisenden übertönt wird, und die Luft abwechselnd mit Essenzen seltener Gewürze, kostbarer Parfüms oder von scharf und penetrant riechenden Substanzen erfüllt zu sein scheint, wo die unablässig nach naiven Opfern Ausschau haltenden *„Schlepper"* und *„Nepper"* erst die Passanten hartnäckig begleiten und etwa mit dem Zauberwort „De Fabrik! Only gucken!" schließlich die willig gewordenen Besucher gebieterisch voranschreitend durch schmale Seitengäßchen, zwischen zierlichen Tischchen und Stühlen hindurch, vorbei an Drechslern oder Koransprüche in Kupferschalen Hämmernden, schließlich aus dem grellen Sonnenlicht tretend in das Halbdunkel eines zunächst als Schatzhöhle anmutenden Gewölbes, das sich dann bald als ein mit enttäuschend billig aussehenden internationalen Souvenirs oder wie vergessen daliegenden abgenutzten, sinnlos erscheinenden Gebrauchsgegenständen gefülltes Kramladengeschäft erweist, führen[28], so kann uns ein anschaulicher Eindruck entstehen von möglicherweise vergleichbaren Marktszenen archaischer Stadtkulturen.

Ganz Ähnliches erlebt man evtl. in der großen Kasbah von *Marrakech*, wie beispielsweise der Verfasser, wo etwa auf dem *Markt der Gaukler* ein Schlangenbeschwörer eine zahnlose Kobra durch merk-

---

[27] Vgl. *Reuther*, O.: Isfahan, Isphahan (Persien), in: Wasmuths Lexikon der Baukunst, Bd. 3, S. 227.
[28] Vgl. *Hagelstange-Binder*, U.: Ägypten — ein Reiseführer, Olten 1966, S. 233.

würdige Kopfbewegungen und Herausstrecken der Zunge animierte und durch lautes „Aha, aha"-Geschrei die Aufmerksamkeit der schon wieder von einem anderen Mummenschanz gefesselten Touristen zurückzugewinnen trachtete, inzwischen eine völlig hilflose ältere Dame einen überaufdringlichen Verkäufer mit imitierten Terzerolen dadurch schließlich abzuwimmeln versuchte, indem sie ein solches Instrument annahm und fast einen Nervenzusammenbruch erlitt, als besagter Verkäufer mit immer drohenderen Gebärden weiter und weiter Zahlungsnachforderungen durchsetzte; wo eine andere korpulentere Dame von einer Schar Kinder umringt wurde, die, zerlumpt und mit entsetzlichem Wehgeschrei, ihr schmutzige Bettlerhände entgegenstreckte und, als sie gutmütig schließlich dem am heftigsten schluchzenden und ärmlichsten Jungen ein Markstück schenkte, von diesem mitten ins Gesicht gerotzt bekam und darüber ihr Begleiter so entgeistert war, daß er nicht bemerkte, wie er von einem greisenhaften Taschendieb sein Portemonnaie blitzschnell entwendet und dreist untersucht und wohl nur, weil sich dieser beobachtet sah, mit gönnerhaften Gesten um nur einen Geldschein erleichtert zurückgesteckt bekam. Oder an anderer Stelle schließlich, als ein jüngerer Herr, nach dem Mittagessen und der obligatorischen Bauchtänzerin leicht angetrunken, mehr wein- als leutselig Münzen in die Menge warf und einen regelrechten Verkehrsauflauf verursachte und deswegen von einem Polizisten eine gebührenpflichtige Verwarnung bekam; wo man in die kalten Augen alter Männer sah, die auf den Terrassen der Cafes heißen Pfefferminztee trinkend durch ständig hin und her pendelnde halbwüchsige Boten über alle Geschehnisse informiert wurden, ihren Tribut an den Diebstählen und Verkäufen kassierten und fortwährend mit königlichen Gesten neue Regieanweisungen erteilten und über deren Nützlichkeit ins Philosophieren und Streiten zu geraten schienen; wo *andere Reviere der Kasbah* wie ausgestorben dalagen, mit schattenhaft erkennbaren, in den dunklen und unsagbar schmutzig aussehenden Höhlen der Ladengemäuer kauernden Menschen, die sich zeitweilig flüsternd unterhielten, wodurch Eindrücke von Gefahr oder Einsamkeit und Trauer entstanden. Insgesamt aber entstand die Vorstellung eines unübersehbaren tausendfältigen Labyrinths von Ladenbuden, Geschäften, Herbergen, Bars, Handwerksbetrieben, Gasthäusern, Kontoren, Garagen oder Lagerräumen, in denen sich verkommene oder elegante Menschen, Elende, Geschäftemacher, Bankiers, Gaukler, religiöse Fanatiker, fleißige Handwerker, Narren, Schmarotzer oder Diebe mit unsäglichem Lärm oder auch wieder apathischer Ruhe in ihrem kreatürlichen Existenzkampf oder auch überfeinerten Genußsucht trafen und trennten oder gleichgültig begegneten und entfernten, alle möglichen Waren wie Apfelsinen, schwere Säcke, sperrige Kartons, halbzerstörte

Badewannen, bunte Stoffe, große Fleischstücke, wertlose Teppiche, Fernsehgeräte ohne Bildröhren, irdene Töpfe, zerlesene Bücher, defekte Musikinstrumente oder in Käfigen eingesperrte Vögel schleppten, bearbeiteten oder feilboten, Transaktionen diskutierten, Geschichten erzählten, Schaustücke vorführten, mit Kunden feilschten, Touristen betrogen, öffentlich einem Klienten einen Zahn zogen, beteten oder einfach nur herumlagen und dösten oder schweigend beobachteten.

Diese Kette von Ereignissen spielte sich zum Teil in Sekundenschnelle ab, wo insgesamt täglich eine derartige Fülle von Einzelszenen auf den Besucher einstürmte, daß man hierüber sicherlich auch eine umfangreichere Schilderung geben könnte.

III. Agorai der griechischen Antike und des Hellenismus

1. Eigenart der antiken Polis

Wenn wir uns nach Betrachtung der ersten Kulturgebiete der Erde und ihrer Städte in den Flußtälern des *„Fruchtbaren Halbmonds"*[1] und des *Orients* nun der Welt der Felseninseln der Ägäis mit ihren urbanen Zentren zuwenden[2], ist zunächst der Unterschied der Landschaft auffallender als irgendeine Veränderung der Stadtstrukturen. Aber sowohl das geographische Milieu als auch die menschliche Absicht bewirkten viele Veränderungen im Bild der Stadt[3]. „Der *Urbanisierungsprozeß*, der in den Stromoasen *Mesopotamiens* und *Ägyptens* frühe Höhepunkte der Kultur entstehen ließ, ergriff *Europa* in tiefer zeitlicher Staffelung: er begann für Europa im 2. vorchristlichen Jahrtausend im östlichen Mittelmeer und erreichte im 1. nachchristlichen Jahrhundert den Rhein[4]."

---

[1] „Zieht man von *Ägypten* aus eine Linie, die über die Mittelmeerländer *Palästina* und *Syrien* und weiter, Euphrat und Tigris durch *Mesopotamien* folgend, bis zum Persischen Golf verläuft, so ergibt sich ein deutlicher Halbmond" (Keller, W.: Und die Bibel hat doch recht, S. 15).

[2] Wir müssen in unserem kurzen historischen Abriß notwendig „springen" und können nicht vollständig den Werdegang der Stadt beschreiben. Auf die weitere historisch-geographische Verbreitung der Stadt sei hier deshalb nur kurz hingewiesen: „Während die Stadt in ihrem Ursprungsgebiet um 3000 v. Chr. schon vollständig konstituiert war, tauchte sie in *Nordwestindien* bereits in der zweiten Hälfte, im östlichen Mittelmeergebiet gegen Ende des dritten, in *Nordwestchina* erst im Laufe des zweiten vorchristlichen Jahrtausends auf. Während des letzten Jahrhunderts vor Chr. durchdrang sie das westliche Mittelmeergebiet, sowie den Rest von *Indien* und *China*" (Bobek, H.: Die Hauptstufen der Gesellschafts- und Wirtschaftsentfaltung in geographischer Sicht, S. 285).

[3] Vgl. *Mumford*, L.: Die Stadt, S. 141.

[4] *Ennen*, E.: Die Stadt zwischen Mittelalter und Gegenwart, in: Rheinische Vierteljahresblätter 30, 1965, wieder abgedruckt in: Die Stadt des Mittelalters, hrsg. v. C. Haase, 1. Bd.: Begriff, Entstehung und Ausbreitung, Wege der Forschung, Bd. CCXLIII, Darmstadt 1969, S. 419.

Im Gegensatz zu den altorientalischen Stadtanlagen dient die *griechische Stadt* nicht primär der symbolischen Repräsentation des Priesterkönigs (in *Mesopotamien* Tempel und Palast als beherrschende Zentren, die massiven Festungsmauern als Rahmen; in *Ägypten* an axialen, die kolossalen Tempel verbindenden Prozessionsstraßen locker gereihte Feudalvillen, denen spiegelbildlich die Totenstädte gegenüberliegen), sondern den politischen, sozialen und wirtschaftlichen Bedürfnissen des bürgerlichen Gemeinwesens und spiegelt deshalb getreu dessen eigentümlich vitalen, durch die *Idee des Agons*[5] getriebenen Lebensprozeß wider[6]. Das *griechische* Leben baut sich somit auf einer breiteren Grundlage der Stadt-tragenden Bevölkerungsschicht auf als beispielsweise das *babylonische* oder *altägyptische*. Dort setzt sich die gesellschaftliche Elite nur aus der Priesterschaft, dem Adel und dem Beamtentum zusammen, während uns in *Griechenland* erstmals auch eine *„bürgerliche Gesellschaft"* begegnet, die sich allerdings nur am Staats- und nicht am Wirtschaftsleben beteiligt und sich von *Sklaven* und *Metöken*[7] unterhalten läßt. Dadurch ergibt sich eine äußere Eigentümlichkeit der griechisch-antiken Städte im Unterschied zu den archaischen: Während letztere nach Bevölkerungszahl und Fläche Großstädte waren, sind die griechischen Städte nach der Zahl ihrer Einwohner gemäß unserer heutigen statistischen Klassifikation und auch hinsichtlich des Areals Klein- und allenfalls Mittelstädte[8]. Dieser geringere Kreis der Stadtbewohner wird eifersüchtig von der Herrenschicht überwacht, um einerseits bei zu geringer Zahl nicht zu militärischer und politischer Ohnmacht herabzusinken und andererseits, weil sonst bei zu großer Zahl der Anteil des einzelnen an der Staatsbeute zu gering wird[9].

---

[5] *Agon* = „Wettstreit, Wettkampf. Das ‚Agonale' wurde von J. Burckhardt als wesentlicher Aspekt griech. Lebens erkannt; neuere Forscher haben es auch im politischen Handeln der Griechen aufzufinden gesucht" (*Gelzer*, Th.: Agon, in: Lexikon der Alten Welt, hrsg. von Andresen, C. et al., Zürich und Stuttgart 1965, Sp. 68).

[6] Vgl. *Gruben*, G.: Griechische Stadt, in: Lexikon der Alten Welt, Sp. 2881.

[7] „*Metöken* (‚Mitwohner') hießen in Athen die ständig wohnhaften (freien) Nichtbürger. Aus der Masse der Fremden waren sie durch besondere, uns im einzelnen nicht sicher faßbare Vorrechte herausgehoben, die sie in ein dauerndes Nahverhältnis zum athen. Staat brachten ... Ihre Zahl kam etwa einem Drittel der Bürgerschaft gleich. In ihren Händen lag, da der Erwerb von Grundbesitz ihnen wie allen Nichtbürgern versagt war, ein großer Teil des Handels, des Gewerbes und der freien Berufe" (o. V.: Metöken, in: Lexikon der Alten Welt, Sp. 1950).

[8] Die babylonische Stadt *Uruk* war wohl im 3. Jahrtausend v. Chr. die größte Stadt der Erde mit mindestens 50 000 und höchstens 150 000 Einwohnern und einem ummauerten Areal von 4,5 qkm gewesen. *Athen* dagegen war im 5. Jahrhundert v. Chr. eine Stadt mit nur etwa 20 000 Einwohnern und einer City-Fläche von 2,1 qkm (vgl. *Schneider*, W.: Überall ist Babylon, S. 32, 100). Demnach herrschte in *Uruk* relativ zu *Athen* etwa eine doppelt so hohe Bevölkerungsdichte bzw. halb so große Arealität.

[9] Vgl. *Sander*, P.: Geschichte des deutschen Städtewesens, S. 44 f.

III. Agorai der griechischen Antike und des Hellenismus

Eine Vorstellung von der klassisch-griechischen Stadtwirtschaft vermittelt wohl am besten die Stadt *Athen*, die insbesondere im 5. Jahrhundert v. Chr. einen enormen Aufschwung nach der fast völligen Zerstörung durch die Perser nahm. Hinsichtlich der Entstehung der griechischen Städte und somit auch *Athens* wird zumeist von der durch *Thukydides* begründeten Anschauung ausgegangen, wobei allerdings zwei Momente auseinandergehalten werden müssen, die nicht immer streng genug getrennt werden:

(a) die Polis im politischen Sinn *(Staat)* und

(b) die Polis im räumlich-monumentalen Sinn *(Burg)*[10].

Während Fall (a) lediglich eine Zusammenlegung der Verwaltungen an einem Ort und damit Vorortsbildung für ein größeres Gebiet bedeutet[11], kann Fall (b) als *Synoikismus* gekennzeichnet werden[12].

2. Die Agora von Athen

In der *Perikleischen* Zeit wurde die *Akropolis,* die ehemalige Burg der Könige und Tyrannen und prähistorische Kultstätte *Kekropia*[13] zu

---

[10] Vgl. *Lehmann-Hartleben:* Städtebau, in: Paulys Real-Encyclopädie der classischen Altertumswissenschaft, 2. Reihe, Halbbd. 6, Sp. 1983 f.

[11] *Gerkan,* A. v.: Griechische Städteanlagen, Berlin und Leipzig 1924, S. 4 f.

[12] Eine Übersicht der von *Gerkan* gegebenen und bis heute gültigen *Klassifikation der griechischen Stadtgründungen* findet sich bei *Wycherley:*
„I. Gradual formation through naturally favourable conditions.
  (1) Towns developed from simple villages, without Mycenean forerunners (especially in the west of Greece proper, Epirus, Arcadia, Elis, Archaia).
  (2) Towns which were a continuation of Mycenean settlements, the latter acting as ‚crystallizationpoints'; these include many of the greatest cities of Greece, among them Athen.
II. Fondation through the arbitrary act of a founder or group of founders, to meet some special need.
  (1) Capital chosen for a state formed by synoecism (political unification of several communities).
    (a) Town already existing chosen, which would now develop rapidly; Athen, later Tegea and Elis.
    (b) Younger form of synoecism, by which part of the population of the participating towns was brought together in a new city on new ground; Megalopolis, Rhodos.
  (2) Colonization
    (a) Older colonies, begun in early wanderings of Greek peoples; Miletus, Epheus.
    (b) Later colonies, more deliberate and organized."
(*Wycherley,* R. E.: How the Greeks built Cities, 2. Aufl., London 1962, S. 210 f.).

[13] Benannt nach *Kekrops,* der Sage nach der 1. König *Attikas* und der Gründer *Athens,* von Gestalt halb Schlange, halb Mensch. Seinen Töchtern *Aglauros, Pandrosos* und *Herse* vertraute *Athene* eine Schatulle an, in der das Kind *Erichthonios* versteckt war. Als die neugierigen Mädchen sie trotz des Verbots öffneten, wurden sie wahnsinnig und stürzten sich vom Felsen

einer strahlenden Tempelstadt[14] und einem prachtvollen Festplatz der anthropomorphisierten olympischen Götterwelt ausgebaut, zu deren Ruinen heute die Touristen wandern. Auf allen Seiten um die Burg herum entwickelte sich die Stadt mit Schwerpunkt am Nord-Westhang, dem Quartier der Handwerker und Händler mit seinem Markt, der *Agora*[15], die bald Mittelpunkt des händlerischen und politischen Lebens wurde. Hier kreuzten sich auch die beiden großen nach den Himmelsrichtungen orientierten, von der Natur vorgezeichneten Straßen. Vor den Toren der Bergfeste also, beim alten Stadtbrunnen und neben dem *Dionysos*heiligtum, wo auch der Gemeindekelterplatz des *Lenaion* angelegt worden war, hatte sich von Anbeginn ein städtischer Handel lokalisiert. Dieser Altmarkt von Athen ist nach *Judeich* durch viele Hinweise bezeugt[16].

„Der Platz wurde bald auch ein Mittelpunkt des allmählich erwachenden politischen Lebens[17]." Demnach war die Marktfunktion früher räumlich institutionalisiert als die politische[18]. „The early dominance of the acropolis naturally affected the position of the agora, but in time, as we have seen, the emphasis was reversed, and the acropolis was now an appendage of the city, the agora its true centre, which held the whole structure together[19]."

---

der Akropolis (*Hiltbrunner*, O. v.: Kleines Lexikon der Antike, 4. Aufl., Bern und München 1964, S. 258).

[14] „Der griechische Tempel ist der nie wieder erreichte Gipfelpunkt aller Architektur, soweit sie je ihre Erfüllung in der Richtung plastisch-körperhafter Schönheit gesucht hat. Sein Inneres ist von weit geringerer Bedeutung als der Außenbau ... Ebenso wie unsere Religion, so wäre auch das Raumerlebnis des christlichen Abendlandes einem Zeitgenossen des *Perikles* unverständlich gewesen. Nicht der Raum, sondern die plastische Gestalt war es, die das Wesen der griechischen Architektur bestimmt, und eben dies ist es, was wir noch heute im Anblick der hellenischen Tempel empfinden: eine Intensität des Körperhaften, die in so lebendig-unmittelbarer Gegenwärtigkeit kein Bauwerk späterer Zeit mehr erreicht hat" (*Pevsner*, N.: Europäische Architektur, 2. Aufl., Studienausgabe, München 1967, S. 11).

[15] *Agora* = Versammlung. Ursprünglich ist jeder männliche Vollbürger berechtigt, an der politischen Versammlung teilzunehmen. Wo dies regelmäßig an einem Ort geschieht, geht der Name für die Personengruppe auf die Lokalität über. Somit entspricht die Agora etwa dem germanischen Thing als Volks-, Gerichts- und Heeresversammlung (vgl. *K. Ziegler* und *W. Sontheimer* (Hrsg.): Der Kleine Pauly, Lexikon der Antike, 1. Bd., Stuttgart, Sp. 141).

[16] Vgl. *Judeich*, W.: Topographie von Athen, in: Handbuch der Altertumswissenschaft, Bd. 3.2.2., S. 62. Dieser Ansicht sind auch *Dörpfeld*, W. et al.: (Alt-Athen und seine Agora, Berlin 1937, 1. Heft, S. 33), die von *Wycherley*, R. E.: (How the Greeks built Cities, S. 213) nicht geteilt wird.

[17] *Judeich*, W.: Topographie von Athen, S. 62.

[18] R. *Martin* sieht neben der ökonomischen Funktion der archaischen Agora noch „la fonction politique et judicaire", „la fonction religieuse" und „la fonction ‚agorale'" (vgl. *Martin*, R.: Recherches sur l'agora grecque, Paris 1951, S. 149 ff.).

[19] *Wycherley*, R. E.: How the Greeks built Cities, S. 51.

III. Agorai der griechischen Antike und des Hellenismus

Am Ufer des Illisus war das Wohngebiet der ersten Ansiedlerfamilien, der späteren Aristokratie. So *entstand Athen aus drei Revieren:*

1. der *Akropolis,* dem Sitz der Macht und des Götterkultes,
2. dem *Gebiet der Grundbesitzer und Landherren* und
3. dem Quartier der Handwerker und Kaufleute mit der *Agora*[20].

Analog der räumlichen Dreiteilung der Stadt *Athen* läßt sich die Entwicklung der Agora auch in *drei zeitliche Abschnitte* einteilen[21]:

1. Die *frühgeschichtliche Agora,*
2. die *Agora des hippodamischen Systems* und
3. die Agora der hellenistischen Stadtgründungen *(Peristyl-Agora).*

3. Die frühgeschichtliche Agora

„L'agora grecque primitive est à la fois politique et marchande; les assemblées du peuple s'y tiennent; les marchands y installent leurs éventaires[22]." Dieser Markt war wie üblich die Folge des Zusammenkommens von Verbrauchern und Absatz suchenden Handwerkern oder Händlern, aber in ihrem primitiven Zustand vor allem auch ein Ort des Palaverns, wo der Austausch von Neuigkeiten und Meinungen eine mindestens so wichtige Rolle gespielt hat wie der Austausch von Waren. Einen solchen Versammlungsort hat es im Dorf schon gegeben. So beschreibt auch *Homer* die Funktion der Agora in der Ilias als öffentlichen Platz für Beratung, Gericht, Wettspiele, Tanz und Opfer, vor dem Palast oder mitten in der Stadt gelegen, regelmäßig in enger räumlicher Verbindung mt einem Heiligtum stehend und oft mit an minoische Zeiten erinnernden Schautreppen ausgestattet[23].

„It changed gradually into a center for marketing and eventually became solely commercial, whereas the political function of the agora was taken over by representative meetings in the sacred area of the acropolis[24]." Aber Ursprung und Wandel der Funktion der Agora können nicht die allmähliche Entwicklung der *Raumkonzeption* erklären. Die frühe Platzform zeigte eine unbestimmte und unreglmäßige Gestalt. Sie war hauptsächlich ein freier öffentlicher Platz, der mehr wahllos von einigen Gebäuden begrenzt als regelmäßig umfriedet wurde. „Space as such was neither felt aesthetically nor formed

---

[20] Vgl. *Egli,* E.: Geschichte des Städtebaues, 1. Bd., S. 184.
[21] Vgl. *Gruben,* G.: Agora, in: Lexikon der Alten Welt, Sp. 68 ff.
[22] *Lavedan,* P.: Géographie des Villes, S. 145 f.
[23] Vgl. *Gruber,* G.: Agora, Sp. 68.
[24] *Zucker,* P.: Town and Square, S. 31.

artistically from archaic Greek times through the sixth century B. C. The technique of spatial definition on a scale commensurate with human needs was not yet developed by the Greeks[25]." Als vorerst noch ungeformtes Behältnis mag die ältere Agora als Treffpunkt feilschender Händler, laut disputierender Bürger, lastentragender Sklaven oder verächtlich schauender Müßiggänger einen verwirrenden Eindruck bewegten, bunten und lärmenden Treibens abgegeben haben. „Da behauptete sich ein Tempel oder Altar inmitten eines Haufens von Werkstätten, und der Bauer mit seinem Esel stieß gegen einen Philosophen[26]."

Während in *Ägypten* die Frauen auf dem Markte saßen und Waren verkauften und die Männer zu Hause blieben und spannen — so berichtet jedenfalls *Herodot* —, war dies in *Athen* gerade umgekehrt[27]. Hier galt es nicht als schicklich, wenn sich die Frau in der Öffentlichkeit oder auf dem Markt zeigte.

Die doppelte Bedeutung der *Agora als Staats- und Kaufmarkt* brachte mancherlei Konflikte, um dessentwillen auch *Aristoteles* eine Trennung beider Bereiche forderte. In manchen Städten wie beispielsweise *Ephesos* und *Milet* war bereits diese Trennung bis zu einem gewissen Grad durchgeführt. Im Laufe der Zeit wurde die Agora vom Handel mehr und mehr entlastet, je mehr er in die Hände von Berufshändlern überging, die anstelle von fliegenden Ständen auf dem Markt *feste Ladenlokale* bevorzugten. In *Priene* finden sich solche alten Kaufläden noch vereinzelt, in *Pompeji* beherrschen sie bereits das Straßenbild[28] und die Säulenhallen der späteren Zeit konzentrieren den Handel

---

[25] Ibid.

[26] *Mumford*, L.: Die Stadt, S. 178.

[27] Vgl. *Burck*, E.: Die Frau in der griechisch-römischen Antike, München 1969, S. 12.

[28] Vgl. *Gerkan*, A. v.: Griechische Städteanlagen, S. 103 f. — „In Athens, as in other city states of ancient Greece, the Agora was the focal point of community life. Here was the seat of the administration and judiciary, the chief place for marketing and business, in early days the scene of dramatic competitions and athletic displays, and at all times a favorite resort for social and intellectual intercourse" (*Thompson*, H. A.: The Athenian Agora, 2. Aufl., 1962, S. 13). — Nach *Xenophon* ist die Agora der Platz, wo alle nur denkbaren Güter der damaligen Zeit zu erhalten sind: „We are aware that the whole city contains altogether an infinite number of things; and yet whatever servant you order to buy something for you from the Agora, and bring it, not one of them will have any difficulty; everyone will plainly know where he must go to get each class of goods" (*Xenophon:* Oikonomikos, VIII, 22, zitiert nach *Thompson*, H. A.: The Athenian Agora, S. 16). Die Art, in der sich das politische Leben der Stadt mit den wirtschaftlichen Funktionen verband, hat u. a. der Komödienschriftsteller *Euboulos* gegeißelt: „You will find everything sold together in the same place at Athens: figs, witnesses, to summonses, bunches of grapes, turnips, pears, apples, givers of evidence, roses, medlars, porridge, honey-combs, chick-peas, law-suits, besstings-puddings, myrtle, allotment-machines, irises, lambs, water-clocks, laws, idic-

noch stärker auf architektonisch dafür vorgesehene Bezirke. Insgesamt aber ergab sich ein buntes Bild geschäftigen Treibens.

4. Die Agora des hippodamischen Systems

Die wachsende Bevölkerung des Stadtstaates[29] und nicht zuletzt das Aufkommen von Gold- und Silbermünzen ermöglichten eine Ausdehnung der wirtschaftlichen Funktionen der Agora, sei es als „*Kleinhandel*" für den lokalen Bereich oder als „*Großhandel*" von Stadt zu Stadt[30], so daß zum Teil der *Markt* schließlich zum bedeutendsten Faktor im Leben der *Polis* wurde[31]. Dieser neuen Würde des Marktes im griechischen Städtewesen wurde schließlich auch architektonisch Rechnung getragen. „Der Wiederaufbau der in den Perserkriegen zerstörten Städte und die allgemeine Annahme der städtischen Lebensart — selbst Dörfer suchen diese durch einen Synoikismus zu erreichen — führt zur Blüte griechischer Stadtbaukunst, zum *neuen Stil:* dem ,*neoteros tropos*'[32]." So ist beispielsweise *Milet* 479 v. Chr. in diesem neuen Stil, dem nach dem berühmten Baumeister *Hippodamos* benannten *hippodamischen System*, wiedererbaut worden. Von *Hippodamos* sagt *Aristoteles:* „Hippodamos, Sohn des *Euryphon* aus Milet, war der erste Nicht-Staatsmann, der die Zerstörung der Städte erfand und den

---

ments" (*Athenaeus:* Deipnosophistai, XIV, 640 b - c, zitiert nach *Thompson,* H. A.: The Athenian Agora, S. 15). — Die Griechen nannten die Art der damaligen Marktanlagen den „*archaioteros tropos",* den *älteren Stil.* Im einzelnen war diese Bauweise gekennzeichnet durch folgende Merkmale: Bei der Standortplazierung existierte noch kein Kanon für die Orientierung nach den Weltgegenden, hinsichtlich des Umrisses der Platzanlagen sowie der gesamten Stadt besteht noch keine geometrische Regelmäßigkeit, eine innere Gliederung fehlte, die Straßen waren unregelmäßig, die Plätze ergaben sich als freibleibende Flächen für den Markt vor Tempeln oder Versammlungsgebäuden und das Wohnhaus entwickelte sich vom Megaron zum Hofhaus mit Peristyl (vgl. *Egli,* E.: Geschichte des Städtebaues, 1. Bd., S. 168 f.).

[29] Für die Einwohnerzahlen von *Lakonien-Messenien* und *Attika* liegen u. a. folgende Schätzwerte vor: Es gab im Jahre 550 v. Chr. 36 000 Spartiaten, 72 000 Heloten, 200 000 Perioiken, 140 000 Athener; im Jahre 432 v. Chr. 15 000 Spartiaten, 70 000 Heloten, 172 000 Athener, 25 000 Metoiken und 100 000 Sklaven; im Jahre 418 v. Chr. 12 000 Spartiaten, 60 000 Heloten, 150 000 Perioiken, 100 000 Athener, 28 000 Metoiken und 100 000 Sklaven; im Jahre 330 v. Chr. 109 000 Athener, 10 000 Metoiken und 100 000 Sklaven (vgl. *Kirsten,* E.: Raum und Bevölkerung in der Weltgeschichte, Bd. 2, S. 186). *Heloten* = die von den Spartiaten unterworfenen und zu Leibeigenen gemachten Ureinwohner von Lakonien; *Perioiken* = Umwohner, Träger der mykenischen Kultur, die zwar eigene Gemeindeverwaltungen aber kein Stimmrecht hatten.

[30] Diese Begriffe stammen von *Platon.* Vgl. *Brentano,* L.: Das Wirtschaftsleben der antiken Welt, Hildesheim 1961, S. 42.

[31] Vgl. im Gegensatz dazu *Soldner,* H.: Die City als Einkaufszentrum im Wandel von Wirtschaft und Gesellschaft, S. 47.

[32] *Egli,* E.: Geschichte des Städtebaues, 1. Bd., S. 169.

Piräus zerschnitt und auch sonst in seinem Lebenszuschnitt aus Geltungssucht etwas Ungewöhnliches hatte, so daß manche ihn für einen Hanswurst hielten, wenn er daher kam mit seiner Künstlermähne und in seinem kostbaren Schmuck und seinem teuren Pelzmantel, den er im Sommer wie im Winter trug, und der auch über die gesamte Natur orakeln wollte[33]." Die planmäßig angelegte Hafenstadt, deren genaue Vermessung erhalten gebliebene Grenzsteine bezeugen, deren Mittelpunkt eine große Agora, die hippodamische genannt, in *Form eines Rechtecks* bildete, erhielt ein System von geradlinigen, sich rechtwinklig schneidenden Straßen, so daß die einzelnen Baublöcke, Insulae genannt, eine schachbrettartige Anordnung aufwiesen[34]. „Der Hauptplatz ist der Marktplatz, die Agora, im *System des Schachbrettmusters* durch Weglassung von 2, 4 oder 6 Baublöcken ausgespart und mit Säulenhallen und Verkaufsläden verbunden[35]."

Über die typische Architektur der griechischen Marktplatzanlagen herrschte längere Zeit Unklarheit[36], bis durch umfangreiche *Ausgrabungsarbeiten* von *griechischen, deutschen* und insbesondere *amerikanischen Archäologen*[37], die nicht nur auf der *Agora von Athen* vorgenommen wurden, hinreichend genaue Rekonstruktionen möglich wurden. Demgemäß konnte die Unterteilung der Marktplatztypen, wie sie *Pausanias* in seinen Reisebeschreibungen angeführt hat und wonach zwischen einem älteren Stil der nicht geschlossenen, unregelmäßigen Platzanlage und einem neueren, der geschlossenen, geometrisch regelmäßigen unterschieden wird[38], weitgehend bestätigt werden.

Gleichzeitig mit dem Aufkommen des hippodamischen Systems vollzog sich eine *Trennung* zwischen der *politischen Agora* und der *kauf-*

---

[33] *Aristoteles:* Politik, II, 8.
[34] Vgl. *Müller,* I. v.: Griechische Privataltertümer, in: Handbuch der klassischen Altertumswissenschaft, 4. Bd., 1. Abteilung, 2. Hälfte, S. 32.
[35] *Egli, E.:* Geschichte des Städtebaues, 1. Bd., S. 171.
[36] Vgl. *Gerkan,* A. v.: Griechische Städteanlagen, S. 94 f.
[37] Vgl. *Dörpfeld,* W. et al.: Alt-Athen und seine Agora, S. 57 ff.; *Thompson,* H. A.: The Athenian Agora, S. 32 ff. — Gegen die topographischen Ausführungen *Dörpfelds,* des langjährigen Leiters des *Deutschen* Archäologischen Instituts in *Athen* sind u. a. Einsprüche von C. *Wachsmuth,* W. *Judeich* und später insbesondere von T. L. *Shear,* dem Leiter der *amerikanischen* Ausgrabungen, gemacht worden (vgl. *Dörpfeld,* W. et al.: Alt-Athen und seine Agora, S. V und *Dörpfeld,* W. et al.: Alt-Athen und seine Agora, 2. Heft, Berlin 1939, S. 133 ff.).
[38] Vgl. *Wymer:* Marktanlagen, in: Paulys Real-Encyclopädie der classischen Altertumswissenschaften, B. 14.2., Sp. 1869 f. — „Der Markt der *Eleer* ist nicht nach der Ware der *Ionier* und der bei *Ionien* liegenden Griechenstädte angelegt, sondern nach der älteren Art, mit Säulenhallen, die voneinander entfernt stehen, und Straßen zwischen ihnen" (*Pausanias:* Beschreibung Griechenlands, übersetzt von E. Meyer, 2. Aufl., Zürich und Stuttgart 1967, S. 340, VI, 24, 2).

III. Agorai der griechischen Antike und des Hellenismus

männischen Agora[39]. Diese architektonische Segregation des Staatsmarktplatzes vom kaufmännischen Revier mit in der Regel einer ganzen Reihe von *Spezialmärkten* ging Hand in Hand mit einer *Differenzierung der Kapeloi*, der seßhaften lokalen Berufshändler. „Nach der Art des Verkaufs trennte sich vom Kapeloi, dem Lokalhändler engros und en detail überhaupt, ... einmal der Metaboleus ab, der nur en detail verkaufte, dann der Palinkapelos oder Palimprates, der nur vom Emporos, nicht unmittelbar vom Produzenten, seine Ware bezog ... Noch vielgestaltiger war die Differenzierung der Kapeloi nach den Warengruppen, auf die sie sich berufsmäßig gerne spezialisierten. Aus Zeugnissen des 5. und 4. Jahrh. v. Chr. lassen sich unschwer über 80 Sonderausdrücke für derartige männliche und weibliche Spezialkapeloi sammeln[40]."

Die eigentliche „*Hippodamische Wende*" scheint aber darin zu bestehen, daß man seither im Gegensatz zu den bisher dominierenden irrationalen geomantischen Stadtbauregeln die Stadtplanung einem rationalen Kalkül und einheitlichen architektonischen Konzept unterwarf, insofern als ein ideales System, das *Modell einer Stadt*, in dem alle Teilflächen funktional aufeinander abgestimmt und morphologisch

---

[39] Vgl. *Lavedan*, P.: Géographie des Villes, S. 146. — In den griechischen Städten entwickelten sich gleichzeitig mehrere Marktplätze. Neben der traditionellen Agora mit den öffentlichen Gebäuden gab es spezielle *Töpfermärkte, Fischmärkte, Fleischermärkte* usw. Die um die Hauptagora gelegenen Verkaufslokale wurden oft von der Stadtverwaltung an Händler und Handwerker vermietet, was zur Refinanzierung bzw. ständigen Einnahmequelle der *Agora-Administration* diente (vgl. *Zucker*, P.: Town and Square, S. 35 f.). — Dieses *Gitterplansystem* mit den sich rechtwinklig kreuzenden Straßen und den Häuserblöcken oder Platzanlagen des *Hippodamos* ist aber im Grunde uralt. So wiesen bereits die *altindischen Städte* des 3. Jahrtausends v. Chr., z. B. *Mohenjo-Daro* oder *Chaturmukha* diese Struktur auf. Allerdings kannte man damals noch nicht die rechteckig angelegte, streng umschlossene Platzform (vgl. *Zucker*, P.: Town and Square, S. 20 ff.). Auch die These von L. *Mumford*, wonach die wirkliche Neuerung des *Hippodamos* in der Theorie bestand, daß die Form der Stadt durch ihre Gesellschaftsstruktur bestimmt werde (Nach *Aristoteles* war das Stadtmodell des *Hippodamos* für 100 000 Bürger, die in die drei Gruppen Soldaten, Landherren und Handwerker bzw. Händler eingeteilt wurden, vorgesehen. Entsprechend wurde der Boden dreigeteilt: ein Teil war heilig und diente der Verehrung der Götter, einer war öffentlich für die Ernährung der Krieger und der dritte privat und im Eigentum der Landwirte (vgl. *Mumford*, L.: Die Stadt, S. 204). So haben schon die *altindischen* und auch *altchinesischen Regeln der Geomantiker* insbesondere der *Schu*-Dynastie ca. 1050 - 250 v. Chr. diese Vorstellungen für die Anlage der Städte gehabt. So zeigt auch die Stadt *Mohenjo-Daro* mit ihrem ausschließlich nach den vier Himmelsrichtungen ausgerichteten Straßensystemen wahrscheinlich dem Kastenwesen entsprechende verschieden große Hausformen und separate Zonen und für die im Prinzip nach dem *geomantischen Brunnensystem* angelegte Stadt *Schang-an* wird eine ausgeprägte Revierbildung berichtet (vgl. *Egli*, E.: Geschichte des Städtebaues, 1. Bd., S. 150 ff.).

[40] *Heichelheim*, F. M.: Wirtschaftsgeschichte des Altertums, 1. Bd., S. 346.

durch die ästhetische Maxime der Symmetrie ausgeformt waren[41], den jeweiligen regional unterschiedlichen topographischen, hydrographischen, verkehrswirtschaftlichen oder religiös-traditionellen Bedingungen angepaßt und entsprechend modifiziert wurde. Es war allgemein Mode geworden, sich über die Stadtplanung Gedanken zu machen. So theoretisierten *Platon* oder *Aristoteles* über die ideale Stadt, allerdings zum Teil in recht abstrakter Weise. Wesentlich praxisbezogener waren dagegen z. B. die Ideen von *Hippocrates,* der an der Planung von *Alexandria* teilgenommen hat und sich auch mit dem Thema Stadthygiene auseinandersetzte[42]. Diese Gedanken leiten aber bereits über zur dritten Periode der Agora-Entwicklung, der Agora der hellenistischen Stadtgründungen.

5. Die Agora der hellenistischen Stadtgründungen

Die mit *Alexander dem Großen* beginnende *Hellenisierung* und Kolonisierung der Barbarenreiche übertrug die Idee der *Polis,* der organisierten Lebensform in der *griechischen* Stadt, nach *Kleinasien, Phönikien, Syrien, Ägypten, Babylonien, Iran, Baktrien, Sogdien* und *Indien.* In seinem ungeheuren Reich sollten sich *die Ideen der griechisch-hellenischen Stadt* mit den jeweiligen regionalen Eigenarten der verschiedenen Kulturkreise zu einem neuen Typ verbinden, der zugleich die Aufrechterhaltung seines Weltreiches gewährleistete.

Mit seinem Sendungsbewußtsein als *Vermittler griechischen Geistes* verbanden sich zum Teil auch recht *praktische Absichten:* Die militärische Absicherung der eroberten Gebiete durch die Anlage von Wällen und Stützpunkten, die Erschließung der Marktgebiete für den Handel, die Verpflanzung von Bevölkerungsgruppen zur Auffüllung menschenleerer Räume und die Herstellung eines Gegengewichtes gegen den Adel der Meder und Perser. Je nach der überwiegenden Absicht und auch der Örtlichkeit bediente er sich im Einzelfall unterschiedlicher Formen. Die *Erschließung der Märkte* und deren Arrondierung durch Verpflanzung von Bevölkerungsgruppen in dünnbesiedelte Gebiete erfolgte durch Anlage zentraler *Marktstädte* an Knoten-

---

[41] Die *geometrische Städtebautheorie* wird bereits in den „Vögeln" von *Aristophanes* parodiert, der *Meton* dozieren läßt:
„Leg ich nun hier oben das Kurvenlineal an,
setzte dann den Zirkel ein — verstehst du?
Nun leg ich an das Lineal und bild ein
Viereck aus dem Kreis, und in die Mitte
da kommt der Markt, und alle Straßen
führen schnurgerad zum Mittelpunkt und
gehen wie Strahlen von ihm, als kugelrundem Stern,
gradaus nach allen Winden —"
(Aristpohanes: Die Vögel, hrsg. von H.-J. Newiger, Darmstadt 1968, S. 333).
[42] Vgl. *Zucker,* P.: Town and Square, S. 34.

III. Agorai der griechischen Antike und des Hellenismus

punkten des Handelsstraßennetzes bzw. durch Ausbau älterer Siedlungen, wobei die meisten Städte den Namen *Alexanders* erhielten[43].

Während die *griechischen* Städte im Mutterland mehr oder weniger unabhängige Handels- und Hafenstädte unterschiedlichster Struktur waren, war die typische hellenische Stadt im Osten als Neugründung oder Überformung älterer Siedlungen binnenländisch orientierte Fürstenmetropole mit Tendenz zu großstädtischer Quartiersbildung und rechteckigem Gitternetzgrundriß, der allerdings entsprechend dem Gelände geringfügig modifiziert war[44]. Von besonderem Glanz waren die Zentren dieser Städte, die *Agorai* mit ihren durch die verschiedenen Kulturen bedingten Besonderheiten und gleichzeitig planvollen Platzeinfügung. „Da sind es zunächst die Kultgebäude der *ägyptischen, mesopotamischen, iranischen* und *jüdischen* Kulte, dann aber auch die typischen *vorderasiatischen* Bazar-Straßen und großen Kaufhöfe (han's), die in der hellenistischen Stadt auftauchen; dann auch oftmals ganze Quartiere *nichtgriechischer* Volksteile, die sich im Rahmen des Ganzen nach ihrer Art einrichten und schließlich sind es die Palastbeamten, die vom Hauch orientalischer Paläste berührt, ein neues Element in die hellenistische Stadt bringen[45]." Die *Kapeloi* waren schon seit der Zeit des *Perikles* nicht mehr auf gebrechliche Buden angewiesen, sondern besaßen zum Teil große, mit Gemälden ausgeschmückte *Hallen*, wo jeder einzelne Händler seinen eigenen Verschlag hatte[46].

Die rechteckige, von Hallen umrahmte und von der tangential geführten Hauptstraße erschlossene hippodamische Agora wird verbindlich für die hellenistischen Stadtgründungen im Osten. Dabei war es jedoch ein kleiner, aber folgenschwerer Schritt, diesen bisher an den Straßenmündungen geöffneten und damit dem Stadtorganismus eingegliederten, von Hallen umsäumten Marktplatz zum großen *Peristylhof* zu schließen. Damit gewann zwar die Agora eine *monumentale Symmetrie*, wurde aber als selbständiger Baukörper architektonisch und verkehrsmäßig von der übrigen Stadt stärker isoliert. Sie wurde zum repräsentativen Monument, ihr Zusammenhang mit dem Leben der Polis wurde stark beeinträchtigt. *Beispiele* für diese *Peristyl-Agora* finden sich in *Pergamon, Ephesos, Herakleia* oder *Athen*. So wurden oft auch ältere Platzanlagen entsprechend umgebaut, mit Prunktoren versehen (so etwa in *Milet, Magnesia* oder *Damaskus*) und der freie, für den Marktverkehr vorgesehene Platzraum durch axiale Repräsen-

---

[43] Vgl. *Egli*, E.: Geschichte des Städtebaues, Bd. 1, S. 228 f.
[44] Vgl. ibid., S. 230.
[45] Ibid., S. 230 f.
[46] Vgl. *Heichelheim*, F. M.: Wirtschaftsgeschichte des Altertums, Bd. 1, S. 348.

tationsbauten in seiner Mitte verstellt (wie z. B. in *Athen* durch das Odeion des *Agrippa*)[47].

Dieser Übergang von der hippodamischen Agora zur Peristyl-Agora, der sich parallel zum Übergang von der „*griechischen Polis*" zur „hellenistischen Metropolis" bzw. „*alexandrinischen Megalopolis*"[48], die von einer dünnen plutokratischen Herrenschicht bestimmt wurde, vollzog, vermochte nicht die Gegensätze der okzidentalen und mannigfaltigen orientalischen Kulturen durchgreifend zu verbinden. Im Untergrund der zivilisierten Macht entstand eine irrationalistische, in den alten regionalen Kulten wurzelnde, feindliche Gegenbewegung, die zusammen mit den Wirren der Nachfolgekämpfe und der allmählich wachsenden und schließlich herrschenden neuen Macht, Rom, das alexandrinische Weltreich beendete.

IV. Fora der römischen Antike

1. Entwicklung Roms zur Großmacht

Obwohl der nun zu besprechende antike Zentralstaat, der die damalige Welt beherrschte, das *römische Imperium*, in seiner städtebaulichen Kolonisationstätigkeit vielfach ähnliche Züge aufwies wie das Reich *Alexander des Großen*, so tritt doch schon bereits seit dem 5. Jahrhundert v. Chr. ein entscheidender Unterschied zwischen der griechisch-hellenischen und der *römisch-italienischen* Bauweise hervor: Während die klassisch-*griechischen* und hellenischen Städteplaner nach Möglichkeit Wohnviertel, Handwerksviertel, Verkaufs- und Ladenviertel räumlich voneinander trennten, wurden in *Rom*, in vielen *italienischen Städten* und insbesondere in den meisten späteren *römischen Kolonialstädten und Munizipien* alle Wirtschafts- und Wohnbauten nach Möglichkeit in demselben Viertel zusammen errichtet[1]. Während die *Hellenen funktional gegliedert* und *symmetrisch* nach dem Gitternetzsystem geordnete Städte schufen, bauten die *Römer* ihre Städte nach dem Prinzip der *Funktionsmischung*, zwei städtebauliche Leitbilder, die u. a. auch in der Nachkriegsepoche z. B. in Westdeutschland erneut diskutiert wurden.

Rom geht seinen Weg, nachdem sich die Stadt von den *etruskischen Tarquinierkönigen* befreit hat (ca. 500 v. Chr.) und die Vorherrschaft in *Italien* und weiter am Mittelmeer erorbert hat, folgerichtig durch Unterwerfung seiner Umwelt[2] in einem immer größer werdenden Um-

---

[47] Vgl. *Gruben*, G.: Agora, Sp. 69 f.
[48] Vgl. *Mumford*, L.: Die Stadt, S. 216.
[1] Vgl. *Heichelheim*, F. M.: Stadt (II) Orient und Antike, in: HDSW, Bd. 9, S. 777.

kreis (*Karthago, Sizilien, Korsika, Sardinien, Oberitalien, Spanien* usw.) zur Weltherrschaft. „In the immense extent of Territory comprising the Roman Empire there was not a homogeneous population[3]." Dieses heterogene Staatsgebilde bedurfte zum Zwecke des Zusammenhaltens eines ganzen Systems vereinheitlichender Maßnahmen.

Rom überragt so die meisten Weltstädte der Erde durch die „mannigfaltige Kontinuität" seiner Geschichte und sucht man für diese historische Kontinuität mit ihrem Wechsel den geographischen Ort, die Ursprungsstätte des bis auf den heutigen Tag weiter wirkenden Geschehens, dann ist das eine relativ kleine Fläche, es ist das *römische Forum*[4].

2. Das Forum Romanum

„The main characteristics by which the *Roman* town is distinguished from the *Greek* post-*Hippodamic* gridiron scheme, and which continue throughout *Roman* history from Republican times to the Imperial foundations, are:

1. the axes *cardo* and *decumanus;*
2. emphasis on the void area at the intersection;
3. axial location of main buildings and square proper in contrast to the lateral location in the Hellenistic town;
4. mostly though not always, a quadrangular periphery of the settlement, clearly set off, from the surrounding landscape, contrary to the transition from town to the landscape as usual in *Greece*[5]."

Von den *Etruskern* stammten die religiösen und magischen Riten bei der Gründung römischer Städte, wonach die *Auguren* befragt wurden, um sich der Gunst der Götter zu vergewissern, und Priester mit einem Pflug die meist rechteckigen Umrisse der Stadt festlegten[6]. Dabei lag das *Forum*, das römische Gegenstück zur *griechisch-helleni-*

---

[2] *Machiavelli* schrieb Rom von den *drei wirksamen Methoden zur Vergrößerung von „Republiken"*, nämlich (1) die „Bildung eines Bundesstaates von mehreren Republiken, wovon keine der anderen weder an Machtvollkommenheit noch Rang vorgeht, und Aufnahme der eroberten Städte in den Bund", (2) die „Erwerbung von Bundesgenossen, wobei jedoch dem Hauptstaate der Oberbefehl und der Sitz der Regierung bleibt und die Kriege in seinem Namen geführt werden", und (3) „sich unmittelbar Untertanen, nicht Bundesgenossen zu machen, wie es die Spartaner und Athener taten", die zweite Art und damit beste Methode zu (*Machiavelli*, N.: Vom Staate, hrsg. von H. Floerke, Darmstadt 1967, S. 195 ff.).

[3] *Charlesworth*, M. P.: The Roman Empire, London - New York - Toronto 1968, S. 35.

[4] Vgl. *Curtius-Nawrath:* Das antike Rom, 4. Aufl., hrsg. von E. Nash, Wien - München 1963, S. 7 ff.

[5] *Zucker,* P.: Town and Square, S. 47 f.

[6] Vgl. *Mumford,* L.: Die Stadt, S. 242.

stischen Agora oder zum *orientalischen Bazar,* am Schnittpunkt der beiden Hauptstraßen.

Das *Forum* in *Rom,* an der Kreuzung von *Via Sacra* und *Vicus Tuscus* im Tal zwischen dem Mons *Esquilinus,* dem Mons *Palatinus* und dem Mons *Capitolinus* gelegen, war seit Anbeginn einem steten Wandel und Wachstum unterworfen; Tempel, Comitium, Curia, Rostra, Tabernen, Basiliken, Triumpfbögen und Siegessäulen umgaben zunächst scheinbar planlos einen offenen Platz, dessen Ausmaße ständig verändert wurden[7].

Entsprechend lassen sich allgemein die römischen *Marktplatzanlagen* zunächst in *zwei Gruppen* unterscheiden: einmal in solche *älteren Anlagen,* welche nach neueren Prinzipien umgestaltet wurden, und dann in solche, die als *Neugründungen* in einem Bauabschnitt nach einem einheitlichen Plan errichtet wurden[8].

„Über die Anfänge des Handels im alten *Rom* sind wir begreiflicherweise durch die alten Schriftsteller so gut wie gar nicht unterrichtet und daher lediglich auf Schlüsse aus den Kulturverhältnissen der Königszeit, wie sie in *Latium* und im übrigen *Italien* bestanden, aus der Lage der Stadt, aus den Produkten des Landes u. dgl. m. angewiesen[9]." Handwerk und Einzelhandel waren in ihren geschäftlichen Beziehungen in jenen ersten Jahrhunderten meist lokalisiert, insofern als sich in der Regel Produktions- bzw. Beschaffungsgebiete und Absatzgebiete deckten. Allerdings wurden für den Bezug einiger Güter für den Bedarf der auf dem Lande Lebenden auch auswärtige Märkte aufgesucht, jedoch ist nicht anzunehmen, daß das Volumen dieses Spezialhandels sehr bedeutend gewesen ist; dafür sorgten schon die relativ hohen Transportkosten. Im übrigen führten die Nachbarregionen ihre Produkte auf dem Tiber nach *Rom* oder die regelmäßig abgehaltenen *Jahrmärkte* brachten fremde Waren in die Hauptstadt[10]. Auf dem sukzessiv sich entwickelnden *Forum Romanum* ordnete sich das politische und rechtliche Leben zunächst im Rhythmus der neun Tage abgehaltenen Märkte *(nundinae),* zu denen sich die Familienväter der vorerst ländlichen Bevölkerung in der Stadt versammelten[11].

---

[7] Vgl. *Krause,* C.: Forum, in: Lexikon der Alten Welt, Sp. 993. — Der sumpfige Grund des Forums in ältester Zeit wurde erst nach Anlage der *Cloaca Maxima,* die bereits im 6. Jahrhundert in einem Maßstab erbaut wurde, daß sie auch für die spätere Entwicklung zur Millionenstadt ausreichte und noch heute in Gebrauch ist, trocken gelegt (vgl. *Mumford,* L.: Die Stadt, S. 252).

[8] Vgl. *Wymer:* Marktanlagen, Sp. 1876.

[9] *Blümer,* H.: Die römischen Privataltertümer, in: Handbuch der klassischen Altertumswissenschaft, Bd. 4.2.2., S. 618.

[10] Vgl. *Müller,* J.: Die römischen Altertümer, in: Handbuch der klassischen Altertumswissenschaft, Bd. 4.2., S. 379.

[11] Vgl. *Grimal,* P.: Römische Kulturgeschichte, hrsg. von W. *Andreas,* München - Zürich 1961, S. 255.

IV. Fora der römischen Antike

Ein anfangs geringer, im Laufe der Zeit immer bedeutender werdender Anteil der für den hauptstädtischen Konsum bestimmten zahllosen *Artikel* wurde sukzessiv entsprechend der Eroberungswelle aus einem immer entfernteren Gebiet des wachsenden Weltreiches *en gros* nach *Rom* geschafft. „Ausländische Landesprodukte für Küche und Keller lernte *Rom* erst mit dem steigenden Luxus kennen[12]." Die wichtigsten Industrieerzeugnisse gelangten dann über den *phönikischen und etruskischen Zwischenhandel* gelegentlich etwa der großen Messen, die beim Heiligtum der *Voltumna* und der *Feronia* stattfanden, nach *Rom*[13].

Im Zuge der Freilegung der *etruskischen* Tempel der *Tarquinier* wurde auch ein bereits *gepflastertes Forum* aus dem 4. Jahrhundert ausgegraben[14]. Zur Wahl des Forums als Mittelpunkt des öffentlichen Lebens der Stadt kann evtl. ein militärischer Anlaß beigetragen haben, etwa die Errichtung einer *etruskischen* Garnison auf dem *Kapitol*. Außerdem erschien der Ort auch günstig, um einen Markt, zunächst vielleicht nur einen Rastplatz an der Straße anzulegen, auf der die Handelskarawanen entlang dem Tibertal vorwiegend das Salz aus den Salinen von *Ostia* in die *etrurischen* Ebenen brachten. Allmählich entwickelte sich dann der Rastplatz zum eigentlichen Umschlagplatz. So mag das frühe *Rom* aus der Zitadelle, dem Kapitol, und dem öffentlichen Platz, dem Forum, an dem auch schon einige Kultstätten lagen, bestanden haben; umringt von den Hütten der Einheimischen, die mit zunehmender Handelstätigkeit immer zahlreicher wurden[15]. Dieses *frühe kapitolinische Forum* wurde erst durch das *Forum Romanum* abgelöst, nachdem der sumpfige Grund durch Entwässerungsanlagen trocken gelegt worden war.

Es gab außer den alle neun Tage abgehaltenen Wochenmärkten, den *nundinae*, noch, „wie die Kalendarien ausweisen, seit alter Zeit drei große Jahrmärkte oder Messen *(mercatus)*, die sich an die Festspiele anschlossen: vom 15. - 19. Juli nach den *ludi Apollinares*, vom 20. - 23. September nach den *ludi Romani* und vom 18. - 20. November nach den *ludi plebei*. Zu diesen Messen, die nicht auf dem *Forum Romanum*,

---

[12] *Blümer*, H.: Die römischen Privataltertümer, S. 619.
[13] Vgl. ibid., S. 620. *Genthe*, H.: Über den etruskischen Tauschhandel nach dem Norden, 2. Aufl., Frankfurt/M. 1874.
[14] Vgl. *Picard*, G.: Rom, übertragen aus dem Französischen von W. Zschietzschmann, Archaeologia Mundi, München - Genf - Paris 1969, S. 258.
[15] Vgl. *Grimal*, P.: Römische Kulturgeschichte, S. 300. — Damit ist die *Gründung Roms als Marktort*, d. h., daß die wirtschaftliche Funktion der Stadt ihre Entstehungsursache ist, weitestgehend sichergestellt. Dadurch wird die These von Helmut *Soldner*, der sich u. a. auf Max *Weber* und Edith *Ennen* stützt, wonach die antike Stadt in erster Linie Herrenstadt der Priesterfürsten, Könige und Kaiser und damit noch nicht Marktstadt ist (vgl. *Soldner*, H.: Die City als Einkaufszentrum im Wandel von Wirtschaft und Gesellschaft, S. 46 f.), modifiziert.

sondern auf dem *Forum boarium*, vielleicht auch dem *Forum holitorium* stattfanden, strömten sicherlich schon in der Königszeit große Menschenmengen zusammen"[16].

Von *Numa* wird berichtet, daß er für den Einzelhandel Einrichtungen getroffen habe, für den allerdings schon früher Verkaufsbuden, die *tabernae*, auf dem Forum Romanum bestanden. Der *alte Marktplatz* war in der *ersten Entwicklungsphase* ein unregelmäßiges Rechteck von ungefähr 60 mal 250 Meter Grundfläche, der an den Schmalseiten mit den ältesten Heiligtümern und an den Langseiten mit den *hölzernen Verkaufsständen* besetzt war. Er hatte bis gegen Ende der Republik nichts von dem Geist der griechischen Regelmäßigkeit an sich[17]. Diese zellenartig aneinandergereihten hölzernen, später aus Stein gebauten *Verkaufsläden, Wirtshäuser und Wechselstuben* fanden sich nicht nur auf dem Forum konzentriert, sondern auch verstreut an den Häuserfronten der übrigen Stadtteile.

Neben den hölzernen Verkaufsbuden existierten die *Curia* (= Versammlungsgebäude insbesondere des Senats), das *Comitium* (= Gebäude für Volksversammlungen), der *Carca Mamertinus* (= Staatsgefängnis) und die *Rostra* (= erste Rednertribüne) schon in der Frühzeit des Forums. die *Tempel des Saturn* und *Castor* wurden im 5. Jahrhundert v. Chr. erbaut. In dieser frühen Entwicklungsphase diente das Forum sowohl staatspolitischen und religiösen als auch kommerziellen Bedürfnissen und die öffentlichen Gebäude und Tempel waren umgeben von Verkaufsständen und Gaststätten[18].

Im 2. Jahrhundert v. Chr. wurden die ersten Basilikas errichtet, die *Basilica Porcia* 184 v. Chr. und die *Basilica Aurelia* 179 v. Chr., die beide später von *Augustus* restauriert wurden[19] und ausschließlich dem *Handel* dienten. Somit hatte ein Teil der bisher relativ kümmerlich in einzelnen Verkaufsbuden untergebrachten Markthändler zusammengefaßt eine vornehme und architektonisch bedeutende Lokalität gefunden, die ihrem Ansehen als Geschäftsleute der City enormen Auftrieb verschaffte.

Eine *Wende in der Entwicklung* speziell des zentralen Marktes trat erst ein, als *Caesar* die restlichen feuergefährlichen Bretterbuden der Händler, Wechsler und Gastwirte vom Forum Romanum entfernen ließ und dafür zusätzlich zwei stattliche Basiliken errichtete, die *Basilica Julia* und die *Basilica Aemilia*, welche dem alten unregelmäßigen Marktplatz an den Langseiten eine räumliche Begrenzung

---

[16] *Blümer*, H.: Die römischen Privataltertümer, S. 621.
[17] Vgl. *Wymer*: Marktanlagen, Sp. 1877.
[18] Vgl. *Zucker*, P.: Town and Square, S. 49.
[19] Vgl. ibid.

und mehr geometrische Form gaben. Beide Basiliken wurden nach dem Vorbild des 78 v. Chr. gebauten Tabulariums mit Pfeilerarkaden geschmückt, wodurch erstmalig ein einheitlicher Gesamteindruck entstand[20]. Damit verschwanden die Verkaufsstände endgültig hinter den Fassaden überbetrieblicher Markthallen.

„*Caesar* kommt noch das Verdienst zu, auch die Bebauung der Westseite des Forums durch die Anlage einer Rednerbühne, welche die Form einer hohen und sehr breiten Estrade hatte, in Angriff genommen zu haben[21]."

Von *Augustus* schließlich wurden der *Tempel des Divus Julius* und daneben an der Einmündung der Via sacra *Triumphbögen*, die auch an der Westseite die noch fehlende Geschlossenheit brachten[22], errichtet.

Trotz dieser *architektonischen Neuerungen* konnte es nicht gelingen, das Forum Romanum zu einer vollkommen regelmäßigen Anlage im Sinne eines rechteckigen Platzes mit symmetrisch angeordneten Gebäuden umzuformen. Vielleicht hat diese verbliebene *Irregularität* gerade den ästhetischen Reiz des Forum Romanum ausgemacht.

Außerdem herrschte in den Gebäuden und auf dem Marktplatz ein lebhaftes Treiben. So wurden auf dem von Tempeln und Läden umgebenen Markt- und Versammlungsplatz zwischen Kapitol und Palatin *Geschäfte* über Getreide und Vieh, über Schiffsladungen von Wein oder Sklaven abgeschlossen, Kredite gewährt, Häuser und Grundstücke gehandelt, Landgüter in *Italien*, Steinbrüche in *Sizilien*, Erzgruben in *Spanien* oder Plantagen in *Afrika* feilgeboten. Die Reichen ließen sich von Sklaven in Sänften über die Köpfe des Volkes hinwegtragen, während der Wagen- und Karrenverkehr von *Caesar* auf die Nachtstunden begrenzt war. Das Zentrum von *Rom* gehörte also dem *Fußgänger*[23].

Wenn man in der heutigen Zeit, wie der Verfasser, auf dem Ruinenfeld dieser altrömischen Markt- und Repräsentationsplatzanlage weilt, fällt es nicht schwer, sich jene vergangene Welt lebhaft vorzustellen.

3. Einzelne Verkaufsgebäude und Händler

„Der Beginn des 2. Jahrhunderts v. Chr. ist in der Geschichte des *römischen* Städtebaus durch eine grundlegende Neuerung gekennzeichnet: die Einführung und allgemeine Verbreitung der Säulenhallen (*Portiken*) ... Seit 192 besaß *Rom* ein Lager für Holz, das in einer

---
[20] Vgl. *Wymer:* Marktanlagen, Sp. 1877.
[21] Ibid.
[22] Vgl. ibid.
[23] Vgl. *Schneider*, W.: Überall ist Babylon, S. 140 ff.

geschlossenen Portikus untergebracht war, die „*porticus inter lignarios*" (Portikus der Holzhändler). Gleichzeitig baute man eine andere Portikus entlang einer der Hauptstraßen des Marsfeldes. Es war dies wahrscheinlich der erste Versuch, eine große *Geschäftsstraße* samt ihren Läden und Buden durchlaufend zu überdachen. Wenige Jahre später erbaute der Censor *Cato* auf dem Forum die erste *Basilika*[24]."

Nach *Vitruv* dient die Basilika, deren wichtigster Typ die *Marktbasilika* neben der Palast- und Kultbasilika war, sowohl negotiatores wie magistratus. Einige Basiliken *Roms* waren ausgesprochene Kaufhallen, wie die Basilica flascellaria, Basilica vascellaria oder Basilica vestiaria[25]. Für den *Standort* der Marktbasilika fordert *Vitruv:* „Basilicarum loca adiuncta foris quam calidissimis partibus oportet constitui, ut per hiemem sine molestia tempestatium se conferre in eas negotiatores possint[26]." Die Basilika von *Pompeji* z. B., die mit ihrer Schmalseite am Forum liegt und noch nicht mit Tabernen ausgestattet ist, kann als Vorläufer des in *Rom* erst zu seiner klassischen Form entwickelten Bautyps angesehen werden[27].

Architekturgeschichtlich löste die Basilika die *Tabernae*, jene in frührepublikanischen Zeit aus Holz, später aus Stein gebauten, zellenartig aneinandergereihten Verkaufsläden oder Wechselstuben am Forum oder an Häuserfronten[28], ab. In manchen Häusern waren auch die beiden Zimmer, die auf beiden Seiten des Eingangs lagen, vom übrigen Haus getrennt und als Läden (tabernae) an Händler oder Handwerker vermietet. Auf dem Forum Romanum waren früher zur Zeit der Republik auf der Nord- und Südseite jeweils Reihen von solchen Verkaufsbuden angebracht. Auf der Südseite waren es die sog. *tabernae veteres,* die zunächst von den Metzgern, später von den Wechslern bezogen waren. Die Metzger wurden dann in die auf der Nordseite des Forums gelegenen *tabernae novae* umquartiert. Diese tabernae novae existierten bereits Ende des 3. Jahrhunderts v. Chr., da sie von *Plautus* in einer seiner Komödien erwähnt wurden[29].

An der Stelle der tabernae veteres wurde die Basilica Sempronia, für die tabernae novae die Basilica Aemilia errichtet[30].

---

[24] *Grimal,* P.: Römische Kulturgeschichte, S. 310.

[25] Vgl. *Krause,* C.: Basilika, in: Lexikon der Alten Welt, Sp. 438 f.

[26] „Der Bauplatz der Basiliken muß an die Märkte angrenzend an der wärmsten Stelle bestimmt werden, damit die Geschäftsleute sie im Winter ohne Belästigung durch schlechtes Wetter aufsuchen können" (*Vitruv:* De Architectura Libri Decem, hrsg. von C. Fensterbusch, Darmstadt 1964, 5. Buch, I, 4, S. 206 f.).

[27] Vgl. *Lehmann-Hartleben:* Städtebau in Italien und römischen Reich, in: Paulys Real-Encyclopädie der classischen Altertumswissenschaft, 2. Reihe, Halbbd. 6, Sp. 2061. Über die Architektur der Basilika siehe *Vitruv,* S. 207 ff.

[28] Vgl. *Krause,* C.: Tabernae, in: Lexikon der Alten Welt, Sp. 2969.

[29] Vgl. *Grimal,* Z.: Römische Kulturgeschichte, S. 306.

IV. Fora der römischen Antike

Von besonderer Bedeutung waren auch die *Horrea*, die Lagerhäuser und Magazine, die vor allem zur Aufbewahrung der staatlichen Getreidevorräte dienten. Die ältesten Kornspeicher in Rom waren die *Horrea Galbia*, die zusammen mit dem *Emporium* am Tiberhafen, der ersten großen Lagerhalle *Roms*, von den Ädilen *Aemilius Lepidus* und *Aemilius Paullus* 192 v. Chr. erbaut wurden[31]. Der physische Warenumschlag und die vorübergehende Lagerung der Waren in den Horrea und Emporien waren die organisatorischen Konsequenzen der finanz- und vertragsgeschäftlichen Dispositionen der Händler in den Tabernen, Basiliken und Portiken der antiken City[32].

Schließlich waren von besonderer Bedeutung für den römischen Einzelhandel die *Macella*, Lebensmittelmärkte in Form von von Portiken umgebenen Märkten mit zentralen Rund- bzw. Oktogonalbauten. Der früheste bekannte Lebensmittelmarkt in *Rom* existierte seit 179 v. Chr. nördlich der Basilica Aemilia. Zu erwähnen ist noch das *Macellum Magnum* des *Nero*[33]. In diesen mannigfachen Verkaufsbauten agierte eine weit differenzierte Schar von Händlern, Geldwechslern, Handwerkern, Agenten oder Reedern.

Die *Betriebsgrößen* der Handelsunternehmungen waren im Vergleich zu früheren Epochen in *Griechenland* und *Asien* bemerkenswerterweise unzweifelhaft zurückgegangen. Dabei waren sowohl umfangreichere feste Kaufläden, Kontore und Gewölbe, daneben aber auch die Bretterbuden der fliegenden Händler, Geldwechsler und Gastwirte vertreten[34].

Die ganze Vielfalt des römischen Kleingewerbes wird besonders an den mannigfaltigen *Spezialitätenhändlern mit Lebensmitteln* deutlich, die vorwiegend ihr Geschäft in Tabernen betreiben. Hierzu gehören die Kornhändler, Bäcker, Wassermüller, Gemüsehändler, Obsthändler (pomarii), Händler mit eingemachten Früchten (salgamarii), Viehhändler, Fleischer (lanii), Wild- und Geflügelhändler (macellarii), eigentliche Delikatessenhändler (cuppedinarii), spezielle Händler mit Hühnern (negotianti pullario), Verkäufer von warmen Würstchen und anderen Speisen (botularii, institores popinarum), Fischhändler (piscatores propolae), Weinhändler (vinarii), Ölhändler (olearii), die zum Teil mit besonderen Sorten handelten, Honighändler, Salzverkäufer (salinatores), Köche und Gastwirte, die Garküchen, Schenkstuben und Wirtshäuser in der Stadt und deren Umgebung unterhielten, die ohne große

---
[30] Vgl. ibid., S. 311.
[31] Vgl. *Krause*, C.: Horreum, in: Lexikon der Alten Welt, Sp. 1334; vgl. *Krause*, C.: Emporion, in: Lexikon der Alten Welt, Sp. 810.
[32] Vgl. *Krause*, C.: Römische Stadt, in: Lexikon der Alten Welt, Sp. 2897.
[33] Vgl. *Krause*, C.: Macellum, in: Lexikon der Alten Welt, Sp. 1803.
[34] Vgl. *Heichelheim*, F. M.: Wirtschaftsgeschichte des Altertums Bd. II, S. 721.

Differenzierungen cauponae, popinae, thermopolia, tabernae oder abfällig geneae genannt wurden[35].

Von diesen Gewerben waren besonders die Angehörigen des *Gaststättengewerbes* übel beleumundet, was nicht zuletzt auch durch eine Reihe von Bestimmungen im römischen Recht veranschaulicht wird. So hatte z. B. für einen Senator die Heirat mit der Tochter eines Gastwirts dieselben Folgen wie die Heirat mit der Tochter eines Kupplers oder eines Gladiators: *infamia*, den Verlust der bürgerlichen Rechte[36].

„Zur Zeit *Domitians* waren, so sagt *Martial* in einem Huldigungsgedicht an den Kaiser (VII 61), Läden und Geschäfte aller Art von den Hauswänden bis weit zur Straßenmitte gewachsen und hatten die Straßen schmal wie Fußsteige gemacht, auf denen sogar der hohe Prätor im Matsch zu gehen gezwungen war. Dunkle Garküchen haben, so wird gesagt, den ganzen Raum der Straße eingenommen. Aber der Kaiser ließ die reiche Kaufladenflora abreißen und die Straßen wieder ausweiten: ‚Barbier, Gastwirt, Koch, Schlachter, alle sollen sich nun in ihrem bestimmten Bereich halten. Nun ist es wieder *Rom*, das wir sehen; jüngst war es eine einzige große Taberne'[37]".

4. Entwicklung von Spezialmärkten

Bald entwickelten sich *Spezialmärkte*, zunächst in der Nähe des Hauptmarktes, später dann auch in anderen Stadtteilen. So wurde ein Teil des Marktverkehrs auf dem nahe am Tiber, südlich des Kapitols gelegenen Marktplatz, dem späteren allein für den Viehhandel vorbehaltenen und nach ihm benannten *Forum boarium* abgewickelt. Ein zusätzlicher Spezialmarkt war der Fischmarkt (*Forum piscatorium*). „Zu dem *Forum boarium* und dem *Forum piscatorium* kamen im Laufe der Zeit, ohne daß man ihre Entstehung zeitlich fixieren kann, weitere Märkte hinzu: der Schweinemarkt, *Forum suarium*; der Gemüsemarkt, *Forum holitorium*; der Weinmarkt, *Forum vinarium*; der Naschmarkt, *Forum cuppedinis*[38]". Später wurden diese Spezialmärkte durch regelrechte *Kaufhallen, Macella*, abgelöst, die vorwiegend Lebensmittel führten. Die dort ansässigen Viktualienhändler hießen entsprechend *macellarii*. In *Rom* wurde die *erste Lebensmittelkaufhalle* im Jahre 179 v. Chr. durch *M. Fulvius Nobilior* östlich vom Forum an der Stelle des alten Fischmarktes errichtet und nach dem *griechischen* Vorbild

---

[35] Vgl. *Marquardt, J.*: Das Privatleben der Römer, 2. Teil, Nachdruck der 2. Aufl., Leipzig 1886, Darmstadt 1964, S. 465 ff.

[36] Vgl. *Kleberg, T.*: In Wirtshäusern und Weinstuben des antiken Rom, aus dem Schwedischen übersetzt von W. Braun, 2. Aufl., Darmstadt 1966, S. 20.

[37] Ibid., S. 14. Hervorhebungen vom Verfasser.

[38] Vgl. *Blümer, H.*: Die römischen Privataltertümer, S. 641.

mit einem zentral gelegenen Rund- bzw. Oktogonalbau *(tholus)* versehen. Danach folgte das unter *Augustus* erbaute *macellum Liviae* auf dem Esquilin und 59 v. Chr. das *macellum magnum* des *Nero* auf dem Caelius. Das *macellum magnum* war, nach einigen Münzen *Neros*, auf denen es abgebildet ist, eine zweistöckige Halle mit darüber hinausragendem Kuppelbau[39].

5. Die Kaiserforen in Rom

Die *Freilegung* der Kaiserfora des *Caesar*, des *Augustus* und des *Trajan* wurde hauptsächlich von der faschistischen Regierung des „Duce" betrieben, und zwar unter Anwendung von Methoden, die die Facharchäologen freilich im allgemeinen nicht sehr schätzen, denn es ist dadurch das Verschwinden so mancher Gebäude der Renaissance zu beklagen. Andererseits muß aber auch anerkannt werden, daß die Freilegung der Kaiserfora die Wissenschaft sehr bereichert und eine großartige Anlage am Fuße des Kapitols enthüllt hat[40].

Die *Kaiserzeit (23 v. Chr. bis 315 n. Chr.)* ist die Zeit des monumentalen Rom. Mit *Caesar* und *Augustus* setzt eine durchgreifende Neugestaltung Roms ein. Nach einem Ausspruch des *Augustus* wird Rom aus einer Ziegelstadt zu einer Marmorstadt. In der gesamten Stadt beginnt eine rege Bautätigkeit.

Insgesamt umfaßte die *Reihe der Kaiserfora*[41]:

(1) das *Forum Julium*,

(2) das *Forum Augusti*,

(3) das *Forum Pacis*,

(4) das *Forum Nervae et Vespasiani*,

(5) das *Forum Trujani*.

a) Das Forum Julium

Das erste der Kaiserfora ist das *Forum Julium*, das Forum *Julius Caesars*, das im Gegensatz zum alten Forum Romanum der römischen Stadtbaukunst neue Impulse gab. Die gesamte Anlage ließ *Caesar* auf seine Kosten durchführen. Im Jahre 54 v. Chr., als er sich anschickte, Gallien zu besetzen, ließ er durch einen Vertrauten die dafür nötigen Grundstücke unmittelbar neben dem Forum Romanum am Kapitol bei der Senatscurie für immense Summen aufkaufen. Auf dem Schlachtfeld von *Pharsalos* gelobte er 48 v. Chr., im Falle seines Sieges der *Venus*

---
[39] Vgl. ibid.
[40] Vgl. *Picard*, G.: Rom, S. 92.
[41] Vgl. *Egli*, E.: Geschichte des Städtebaues, 1. Bd., S. 285.

einen Tempel zu bauen, den er bereits 46 v. Chr. auf seinem neuen Forum einweihen konnte. Seither war es üblich geworden, Kaiserforen vor dem Tempel derjenigen Gottheit anzulegen, die dem herrschenden Kaiserhaus nahestand. Die Vollendung des Forums erlebte jedoch Caesar nicht mehr; vielmehr vollzog dies sein Adoptivsohn *Augustus*[42].

Das Forum *Julium* bildet ein Rechteck von 75 × 170 m, das von einer doppelten Säulenhalle vollständig eingefaßt wird, hinter denen tabernae für Ladengeschäfte des täglichen Bedarfs lagen. Der *Venus*-Tempel war auf einem Podium an der westlichen Schmalfront in einer den gesamten Platz beherrschenden Form positioniert. Damit sollte das tägliche Markttreiben unter dem allgegenwärtigen Schutz der *Venus*, der mythischen Mutter des Geschlechts der *Julier*, stattfinden und die göttliche Herkunft *Caesars* dokumentieren[43].

b) Das Forum Augusti

„Genau denselben architektonischen Grundgedanken tragen alle übrige Fora zur Schau, welche in der Folge von den verschiedenen Kaisern ..., in großer Pracht im Anschluß aneinander, sogar symmetrisch zueinander, an einer Achse aufgereiht, errichtet wurden[44]."

Das zweite Kaiserforum wurde durch *Augustus* in einem Winkel von 90 Grad zum Forum des *Caesar* angelegt[45]. Nach dem Vorbild seines Adoptivvaters *Julius Caesar* verbindet er mit dem Bau des Marktplatzes ebenso die Errichtung eines Tempels. Als Rächer seines ermordeten Vaters versprach er im Jahre 42 v. Chr. auf dem Schlachtfeld von *Philippi*, dem Gott *Mars* einen Tempel zu weihen. Als Verlängerung des Forum *Julium* nach Norden stieß er dabei tief in die dicht bevölkerten Wohnviertel des argiletum und der suburba. Daher beschränkte er seine anfangs geräumiger geplante Anlage, die jedoch auch so größer als die *Caesars* war. Im Prinzip wurde aber das Konzept des Forum *Julium* beibehalten: Der *Marstempel* auf einem Podium erhöht beherrscht den von mehrstöckigen Säulenhallen umgebenen Platz. In diese Säulenhallen schlossen sich in Abweichung des *Caesarischen* Vorbildes an den beiden Längsseiten große Absidensäle, in denen Vorlesungen und Vorträge stattfanden[46]. In den Nischen um den Platz ließ *Augustus* die Statuen großer Römer aufstellen[47]. „Forum und Tempel erhielten dadurch besondere politische Bedeutung, daß *Augustus* wich-

---

[42] Vgl. *Curtius-Nawrath:* Das antike Rom, S. 188.
[43] Vgl. *Grimal*, P.: Römische Kulturgeschichte, S. 314.
[44] *Wymer:* Marktanlagen, Sp. 1877.
[45] Vgl. *Zucker*, P.: Town and Square, S. 56.
[46] Vgl. *Curtius-Nawrath:* Das antike Rom, S. 189.
[47] Vgl. *Grimal*, P.: Römische Kulturgeschichte, S. 314.

tige Staatsakte, deren Begehungsort bisher das Kapitol war, hierher verlegte[48]."

c) Das Forum Pacis

Ähnlich wie bei den Gründungen der bisherigen Kaiserfora verdankt das *Forum Pacis* seine Existenz eigentlich der Sitte, zu einem neuen Tempel einen neuen Markt anzulegen.

Im Anschluß nach seinem Sieg über die *Juden* im Jahre 70 n. Chr. beschloß *Vespasian*, der *Pax* einen Tempel zu errichten und seine von ihm begründete neue Dynastie der *Flavier* durch ein den Märkten des *julisch-claudischen* Hauses ebenbürtiges Forum ein Denkmal zu setzen. Für dieses Vorhaben wählte er als Standort den alten Markt (macellum), der noch aus republikanischen Zeiten stammte[49].

Es handelt sich um einen großzügig angelegten, von Portiken umgebenen Platz, der vom Tempel in Form einer Exedra beherrscht wird. Die gesamte Platzanlage bildete einen heiligen Bezirk, dessen Mittelfläche wahrscheinlich als Garten genutzt war. Außerdem befand sich in einem der Säle eine große Bibliothek. Dieses von einem breiten Peristyl umschlossene Forum war eher ein *Refugium* für Meditationen als ein lärmender Marktplatz[50]. Insofern bedeutete die Errichtung des Forums Pacis nach dem Abbruch des republikanischen Macellum bereits eine Verdrängung und Substitution eines dem Handel dienenden Marktgebäudes durch einen Repräsentationsbaukomplex, wie es auch in späteren Epochen wiederholt zu beobachten ist.

d) Das Forum Nervae

Ein weiteres Forum fügte sich in diesen Gesamtkomplex, das *Forum Nervae*, auch *Forum Transistorium* genannt, da es genau zwischen dem Forum des *Augustus* und dem *Forum Pacis* liegt und eine Verbindung zwischen dem alten Forum Romanum und dem Wohnviertel Argiletum herstellt. *Domitian* begann dieses Forum, das aber erst von *Nerva* 97 n. Chr. vollendet wurde. Beherrscht wird das Forum von dem Tempel der *Minerva*[51].

Aus einem Epigramm wissen wir, daß in diesem Forum hauptsächlich Buchhändler untergebracht waren[52].

---

[48] *Curtius-Nawrath:* Das antike Rom, S. 189.
[49] Vgl. *Grimal*, P.: Römische Kulturgeschichte, S. 315.
[50] Vgl. ibid., S. 316.
[51] Vgl. ibid.
[52] Vgl. *Curtius-Nawrath:* Das antike Rom, S. 190.

e) Das Trajansforum

Das letzte der fünf Kaiserforen, das *Forum Trajani*, das im Jahre 107 n. Chr. begonnen und 112 n. Chr. vollendet wurde, wurde von dem berühmten Baumeister des Kaisers *Trajan*, *Apollodorus* aus *Damaskus*, erbaut und repräsentiert den endgültigen Höhepunkt der auf absoluter Achsialität und Symmetrie basierenden Raumkonzeption *Roms*[53]. Obwohl zu Beginn der Regierungszeit *Trajans* das Zentrum *Roms* vollendet schien und das Forum transistorium nur das letzte Glied in einer Folge von Plätzen mit Peristylen war, die in der damaligen Welt ihresgleichen suchte, und auch weitere Entwicklungen aufgrund des Raummangels kaum mehr möglich waren, gelang es dennoch dem Kaiser *Trajan*, dem ersten aus dem Haus der *Antoninen*, einen neuen Gebäudekomplex zu schaffen, der an Pracht und Dimension alle bisherigen Vorläufer übertraf[54].

Die gesamte Marktplatzanlage besteht aus mehreren Bauelementen.

Vom *Augustus*-Forum kommend, betritt man dieses neue Forum, das eine Fläche von 116 x 95 m bedeckte, durch einen Triumpfbogen, der von einer Bronzegruppe bekrönt war. An den Längsseiten war das Forum von Säulenhallen und Absiden eingefaßt. In der Mitte des Platzes stand eine Bronzestatue des Kaisers zu Pferde. Zwischen den Säulen der Hallen waren Statuen verdienter Staatsmänner und Heerführer errichtet. Besonders bedeutungsvoll war die überaus verschwenderisch ausgestattete *Basilica Ulpia* mit einer 25 m breiten und über 130 m langen Halle, die von 96 Porphyrsäulen mit korinthischen Kapitellen getragen wurde. Das Dach war mit Bronze gedeckt. Besonders eindrucksvoll war auch die Trajanssäule, die links und rechts je von einer Bibliothek flankiert war. Hinter der *Trajans*säule erhob sich schließlich der von *Hadrian* errichtete Tempel des vergöttlichten *Trajan*[55].

Auf diesem Forum verbrannte *Hadrian* die Schuldurkunden verarmter Bürger, hier ließ *Marc Aurel* während des Germanenkrieges die Kronjuwelen versteigern und wesentlich später soll Papst *Gregor* der Große bei einer Prozession über das Forum von seiner Schönheit derart ergriffen gewesen sein, daß er für die Seele des Erbauers betete und dadurch *Trajan* von der Ewigen Verdammnis erlöste[56].

Für uns ist diese altrömische Marktplatzanlage aber deswegen von besonderem Interesse, weil sie zugleich von *Apollodorus* zu einem *Mittelpunkt des Handels* gestaltet wurde. Diese Marktanlage, die *Mer-*

---

[53] Vgl. *Zucker*, P.: Town and Square, S. 58.
[54] Vgl. *Grimal*, P.: Römische Kulturgeschichte, S. 316.
[55] Vgl. *Curtius-Nawrath*: Das antike Rom, S. 190 f.
[56] Vgl. ibid., S. 191.

cati di Trajano, wurde am Quirinalshügel in zwei Terrassen angelegt. Die mit dem Forum auf gleicher Höhe liegende Terrasse bildete eine im Halbkreis angeordnete Reihe von Arkaden, hinter denen sich jeweils ein Ladenlokal (taberna) befand. Im ersten Stock über diesen Arkadengeschäften verlief eine Galerie, in die durch eine Reihe von Fenstern das Licht für ähnliche tabernae wie im Untergeschoß fiel. Etwas zurückgesetzt bildete die durch Treppen erreichbare obere Terrasse eine mehrstöckige, verwickelte Anlage, die außerdem durch die Pfefferstraße, die via Biberatica, erreichbar war. Hier waren unzählige *tabernae, annona* (= staatliche Verteilerstellen für Lebensmittel) und *Büros des Fiskus* und der Schatzmeister des Kaisers zusammen untergebracht[57] und es ist noch heute ein Vergnügen, die sechs Stockwerke der gut erhaltenen Anlage zu durchwandern.

6. Fora der römischen Provinzen

Die Durchbildung aller oben erwähnten Elemente im römischen Städtebau und der Architektur der Marktplatzanlagen zeigt alle jene Grundzüge ausgebildet, die dann später in den römischen Provinzen abgewandelt, gesteigert und differenziert doch ständig wiederkehren. Das Citybild der römischen Kaiserzeit war, wenn auch unter Einbeziehung lokaler Besonderheiten, im ganzen *Vorbild* für den Forumsbau in den Provinzen. Das zeigen auch die besonders zahlreichen Inschriften über die Bautätigkeit aus dieser Epoche. Zwar ist die Geschichte des Städtebaues in den Provinzen des *römischen* Reiches oft unmittelbar an den Vorgang ihrer Eroberung gebunden, doch entwickelt sich die Ausgestaltung der Zentren der eroberten Städte vorwiegend in der Kaiserzeit zu höchster Blüte[58].

Diese *Diffusion des römischen Urbanismus in der Alten Welt* wurde zusätzlich dadurch verstärkt, daß sich die römischen Eroberer zugleich als städtische Kolonisatoren betätigten und zahlreiche neue Städte gründeten, die naturgemäß noch vollkommener nach dem Muster der Metropole konzipiert werden konnten.

Auf die zahlreichen römischen Städte in *Italien* und *Sizilien, Spanien, Gallien* und *Germanien, Britannien,* in den *Donau-* und *Balkanländern,* in *Kleinasien, Vorderasien* und *Maghreb*[59] und deren Einzelheiten bei den Marktplatzanlagen kann hier nicht näher eingegangen werden.

Besonders gut erhalten sind die Fora von *Ostia, Pompeji,* aber auch von *Cambodunum (Kempten),* die hier als repräsentative Beispiele für alle übrigen angeführt seien.

---

[57] Vgl. ibid., S. 192; vgl. *Grimal,* P.: Römische Kulturgeschichte, S. 316 ff.
[58] Vgl. *Lehmann-Hartleben:* Städtebau, Sp. 2081 f.
[59] Vgl. *Egli,* E.: Geschichte des Städtebaues, 1. Bd., S. 283 ff.

7. Historische Wurzeln des Forums

Das Forum Romanum ist ebensowenig typisch für die Mehrzahl der römischen Marktplatzanlagen wie die Agora von Athen für die *griechischen*. Die *historischen Wurzeln* des typischen *römischen* Forums lassen sich vielmehr auf dreierlei Ursprünge zurückverfolgen:

(1) die *Terramarekultur* an den Nordhängen des *Appenin*,

(2) die *Etruskischen Stadtkulturen* und

(3) die *Militärcamps* vom Typ des *römischen castrum*[60].

Mit *Terramarekultur* wird eine *ostpadanische* Bronzezeitkultur der 2. Hälfte des 2. Jahrtausends vorwiegend in der *Aemilia* genannt. Es handelt sich um Dörfer mit regelmäßigem Grundriß, die zum Schutz gegen Hochwasser auf durch Pfahlwerk getragenen Holzrosten gebaut und von Erdwällen und Wassergräben umgeben sind. Die Anlagen weisen teilweise ein typisches Muster des *Rastersystems* von *fünf* kleineren Straßen in einer Richtung und *sieben* größeren Straßen im rechten Winkel dazu auf. Die Ähnlichkeit dieser Dorfanlagen *(Terramaricoli)* mit Pfahlbausiedlungen am *Bodensee* oder *Mondsee* erlauben es, auf die ethnische Verwandschaft der Bewohner zu schließen[61].

Die spätere *Zivilisation der Etrusker* zeigt beim Städtebau eine ähnliche vierteilige Rasterstruktur. Ob sie sich aus den früheren Terramare-Siedlungen entwickelt hat, ist nicht sicher. Religiöse Vorschriften bestimmten die innere Struktur und die Peripherie der Städte und Dörfer, die regelmäßig eine rechteckige Form mit sich auf einem kleinen quadratischen Platz kreuzenden Straßen aufwiesen[62]. Beispielsweise in dem Dorf *Marzabotto* bei *Bologna* wurde zufällig im Jahre 1865 durch *Graf Gozzadini*, der eigentlich auf der Suche nach einer Nekropole war, die alte, aus dem 6. Jahrhundert v. Chr. stammende etruskische Stadtanlage *Misa* entdeckt. Hier fällt besonders die Planmäßigkeit, aber auch die Großzügigkeit der Anlage auf, die mit ihrem *Schachbrettmuster* der Häuserblocks ein typischer Fall etruskischer Sakralbaukunst ist[63].

Das *römische Militärlager*, das *Castrum*, wurde in seinem Grundriß allein durch militärische Zwecke geprägt. In der Entwicklung vom *Marschlager* zur Zeit der Republik zum *Standlager* der Kaiserzeit veränderten sich im wesentlichen lediglich die Materialien der Innenbauten (vom Zelt über Holz- und Fachwerkbauten zu Steinhäusern), während

---

[60] Vgl. *Zucker*, P.: Town and Square, S. 46 ff.
[61] Vgl. *Vacano*, O. W. v.: Terramarekultur, in: Lexikon der Alten Welt, Sp. 3015 f.
[62] Vgl. *Zucker*, P.: Town and Square, S. 46.
[63] Vgl. *Keller*, W.: Denn sie entzündeten das Licht, Locarno 1975, S. 165 f.

die Grundrißstruktur beibehalten wurde. *Polibios* schildert beispielsweise ein Castrum für zwei Legionen (24 000 Mann), das im Grundschema ein *Quadrat* von 2250 Fuß (ca. 660 m) Seitenlänge darstellt und von Wall und Mauer mit abgerundeten Ecken umgeben ist. In Frontmitte befindet sich die *porta praetoria*, ihr gegenüber die *porta decumana* und auf den Seiten die *portae principales*, die durch die entsprechenden Hauptstraßen verbunden sind, die *via praetoria*, die auf das *Praetorium* (den Wohnsitz des Lagerkommandanten) führt, vor dessen Front sie von der *via principalis* gekreuzt wird[64]. Ob die Maße und Proportionen des Castrums auf ganz bestimmte mathematische Relationen und den Gebrauch von heiligen Zahlen zurückgehen, wie *Plinius der Ältere* glaubte, ist noch ein archäologisches Problem. Jedenfalls folgte der *römische* Städtebau schon von seinen ersten Anfängen an dem Schema des Castrums, das vom *Hippodamischen* System durch die erwähnten zwei sich kreuzenden Hauptstraßen *Cardo* und *Decumanus* abweicht[65].

Diese Bemerkungen über die Terramarekultur, die etruskischen Stadtanlagen und das Castrum und ihren Einfluß auf die *römische* Stadt insgesamt sind nötig, um die Entwicklung ihres Kerns, des *Forums*, zu verstehen[66]. Die Entwicklung des Forums von der ursprünglichen unregelmäßigen Anlage zur axial ausgerichteten, regelmäßigen und geschlossenen Form der neueren Bauformen, insbesondere in der Kaiserzeit, ist zugleich Beleg für ein immer strengeres Anwenden der historischen Prinzipien beim Bau der römischen Marktplatzanlagen.

8. Typologie der Foren

„Ein mehr oder weniger monumental ausgebautes Forum bildet den wesentlichsten Bestandteil neben den Straßen, auch in den kleinsten Provinzorten. Neben dem Reichtum und der Pracht solcher Plätze in den größeren Städten zeigen auch die bescheideneren Anlagen ein erstaunliches Maß städtischer Kultur und munizipalen Aufwandes. Keine Epoche hat so konsequent und in so ungeheurer Zahl und räumlicher Ausdehnung den Gedanken, daß der städtische Markt als Ausdruck städtischen Lebens ein einheitliches, nur öffentlichen Zwecken dienendes Gebilde sein müsse, zum Ausdruck gebracht[67]."

---

[64] Vgl. *Fellmann*, R. und *Krause*, C.: Castrum, in: Lexikon der Alten Welt, Sp. 554 ff.
[65] Vgl. *Zucker*, P.: Town and Square, S. 47. — Außerdem unterschieden sich die *römischen* Städte von den *griechischen* noch dadurch, daß die *griechischen* durchweg in der Nähe der Küste lagen, hingegen die *römischen* Städte mit ganz wenigen Ausnahmen Binnenstädte waren (vgl. *Sander*, P.: Geschichte des deutschen Städtewesens, S. 46).
[66] Vgl. *Zucker*, P.: Town and Square, S. 49.
[67] *Lehmann-Hartleben*: Städtebau, Sp. 2115.

Dabei darf nicht vergessen werden, daß das eigentliche Leben in den Markthallen, Tabernen und Portiken durch den *privaten Handel* bewirkt wurde, wie ihn insbesondere der *Augusteische Liberalismus* begünstigte. Das rasche Wachstum dieser römischen Handelsmetropolen brachte es mit sich, daß neben dem *Zentralmarkt* vielfach weitere *Spezialmärkte* in den Städten entstanden. Während die *Lage* des Zentralmarktes in der Regel an der Kreuzung von Cardo und Decumanus war (jedoch so, daß keine der beiden Hauptstraßen direkt über den Platz, sondern an ihm vorbeiführten), konnte der Standort der Sonderforen für spezielle Bedürfnisse entweder in direkter Umgebung des Hauptmarktes oder als sekundäre Zentralmärkte in peripheren Stadtvierteln zu finden sein. Oft wurden die Fora auch in der Nähe des Hafens in Seestädten oder direkt an der Hauptlandstraße bei Transitstädten, im Orient manchmal auch an einem Haupttor der Stadtmauer, die für den Karawanenverkehr besonders günstig war, angelegt[68].

Neben dem *Warensortiment* und dem *Standort* lassen sich die römischen Marktplätze noch nach dem *Bautyp* unterscheiden.

Zunächst ist hier der Typ des *Tempelforums* zu erwähnen. Es bildet einen auf drei Seiten von Hallen umschlossenen Platz mit einem oft durch ein Podium erhöhten Tempel auf der vierten Schmalseite. Beispiele sind *Vienna, Nemausus, Taburbo Maius, Sabratha* u. a. Die in Tabernenform aufgereihten Kommunalgebäude tragen dabei zur Einheitlichkeit bei[69].

Als nächster Typ ist das *Basilikaforum* anzuführen. Hier befindet sich eine Basilika an der Stelle des Tempels auf der Schmalseite des Forums. Beispiele sind *Velleia, Alesia, Martigny* u. a.[70].

Schließlich ist das *Peristylforum* zu beschreiben, das in Italien an den Kaiserfora nachweisbar, anscheinend in späthellenistischer Zeit im Osten entstanden ist[71]. Der freie Marktplatz ist auf allen vier Seiten von Hallen (z. B. Märkte des *Augustus* und *Hadrian* in *Athen, Korinth, Milet, Ephesos*), mit Tabernen (z. B. *Thamugadi*), umlaufender Hallenstraße *(Ephesos)* umgeben oder mit einem zentral gelegenen Tempel versehen *(Damaskus, Kyrene)*[72].

Diese Grundformen wurden auch vielfach kombiniert.

---

[68] Vgl. ibid.
[69] Vgl. *Krause,* C.: Forum, in: Lexikon der Alten Welt, Sp. 994.
[70] Vgl. ibid.
[71] Vgl. *Lehmann-Hartleben:* Städtebau, Sp. 2117.
[72] Vgl. *Krause,* C.: Forum, Sp. 994.

C. Schlußbemerkung

In Fortführung des Konzeptes dieses ersten Bandes über die Entwicklungsgeschichte der städtischen Geschäftszentren sollen in weiteren Arbeiten über die Marktplätze des europäischen Mittelalters, die Geschäftsstraßen der Neuzeit, die sukzessiv entstandenen Geschäftsviertel der Nachkriegszeit und die modernen Fußgängerzonen berichtet werden.

Literatur- und Quellenverzeichnis

Adams, R. M. D.: Urban Revolution. 1. Introduction in: International Encyclopedia of the Social Sciences, Bd. 16, S. 201 ff.

Alkim, U. B.: Anatolien I. Von den Anfängen bis zum Ende des Zweiten Jahrtausends v. Chr., übersetzt aus dem Französischen von G. *Pause,* Archaeologia Mundi, München - Genf - Paris 1968.

Andrae: Städtebau, A. Orient, in: Paulys Realencyclopädie der classischen Altertumswissenschaft, 2. Reihe, Bd. 3, Halbbd. 6.

Aristophanes: Die Vögel, hrsg. von H.-J. *Newieger,* Darmstadt 1968.

Aristoteles: Politik.

Bahrdt, H. P.: Die moderne Großstadt. Soziologische Überlegungen zum Städtebau, Reinbek bei Hamburg 1961.

Behn, F.: Kultur der Urzeit, Bd. I: Die vormetallischen Kulturen, 4. Aufl., Berlin 1950.

Benevolo, L.: Geschichte der Architektur des 19. und 20. Jahrhunderts, aus dem Italienischen übersetzt von E. *Serelman,* 2 Bde., München 1964.

Birket-Schith, K.: Geschichte der Kultur. Eine allgemeine Ethnologie, o. O. o. J.

Blümer, H.: Die römischen Privataltertümer, in: Handbuch der klassischen Altertumswissenschaft, Bd. 4.2.2., 2. und 3. Aufl., S. 618 ff.

Bobek, H.: Die Hauptstufen der Gesellschafts- und Wirtschaftsentfaltung in geographischer Sicht, in: Die Erde, 90. Jg., 1959, S. 271 ff.

Brentano, L.: Das Wirtschaftsleben der antiken Welt, Hildesheim 1961.

Brockhaus Enzyklopädie, 17. Aufl., 8. Bd., Wiesbaden 1969.

Bücher, K.: Die Entstehung der Volkswirtschaft, 16. Aufl., Tübingen 1922.

Burck, E.: Die Frau in der griechisch-römischen Antike, München 1969.

Charlesworth, M. P.: The Roman Empire, London - New York - Toronto 1968.

Comte, A.: Cours de philosophie positive, Paris 1830 ff.

Coste, A.: Principes d'une facteur Population dans l'évolution sociale, in: Revue Internationale de Sociologie, Paris 1901.

Curtius-Nawrath: Das antike Rom, 4. Aufl., hrsg. von E. *Nash,* Wien - München 1963.

Dehn, P.: Die Großbazare und Massenzweiggeschäfte, Berlin 1899.

Dörpfeld, W. et al.: Alt-Athen und seine Agora, Berlin 1937.

Dreitzel, H. P. (Hrsg.): Sozialer Wandel. Zivilisation und Fortschritt als Kategorien der soziologischen Theorie, Soziologische Texte, hrsg. von H. *Maus* und F. *Fürstenberg,* Bd. 41, Neuwied - Berlin 1967.

Durkheim, E.: De la division du travail social, Paris 1893.

Egli, E.: Geschichte des Städtebaues, Bd. I: Die Alte Welt, Erlenbach-Zürich / Stuttgart 1959.

Eiermann, E.: Das Theater in Dessau und die Baukunst von heute, in: *A. Teut*: Architektur im Dritten Reich 1933 - 1945, Bauwelt Fundamente, hrsg. von *U. Conrads*, Bd. 19, Berlin - Frankfurt - Wien 1967.

Eisendraht, E.: Soziale Über- und Unterordnung, in: Handwörterbuch der Sozialwissenschaften (HDSW), Bd. 9, S. 412 ff.

Ennen, E.: Die Stadt zwischen Mittelalter und Gegenwart, in: Rheinische Vierteljahrsblätter, Heft 30, 1965, wieder abgedruckt in: Die Stadt des Mittelalters, hrsg. von *C. Haase*, 1. Bd.: Begriff, Entstehung und Ausbreitung, Wege der Forschung, Bd. CCXLIII, Darmstadt 1969.

Fellmann, R., *Krause*, C: Castrum, in: Lexikon der Alten Welt, Sp. 554 ff.

Genthe, H.: Über den etruskischen Tauschhandel nach dem Norden, 2. Aufl., Frankfurt/M. 1874.

Gerkan, A. v.: Griechische Städteanlagen, Berlin und Leipzig 1924.

Gideon, S.: Ewige Gegenwart. Ein Beitrag zu Konstanz und Wechsel, Bd. 2: Der Beginn der Architektur, Köln 1965.

Grebe, P.: Etymologie, Der Große Duden, Bd. 7, Mannheim 1963.

Grimal, P.: Römische Kulturgeschichte, hrsg. von *W. Andreas*, München - Zürich 1961.

Gruben, G.: Agora, in: Lexikon der Alten Welt, Sp. 68 ff.

Gumplowitz, L.: Eroberung und Überlagerung, Auszug aus: Soziologische Essays, Soziologie und Politik, Wien - Innsbruck 1928.

Hagelstange-Binder, U.: Ägypten — ein Reiseführer, Olten 1966.

Heichelheim, F.: Wirtschaftsgeschichte des Altertums. Vom Paläolithikum bis zur Völkerwanderung der Germanen, Slaven und Araber, Neudruck der 1938er Ausgabe, 3 Bde., Leiden 1969.

— Stadt (II) Orient und Antike, in: Handwörterbuch der Sozialwissenschaften (HDSW), Bd. 9, S. 774 ff.

— Wirtschaftsgeschichte (II) Epochen (1) Vorzeit, in: Handwörterbuch der Sozialwissenschaften (HDSW), Bd. 12, S. 141 ff.

Herodot: Historien, hrsg. von *J. Feix*, 2 Bde., München 1963.

Hettner, A.: Der Gang der Kultur über die Erde, 3. Aufl., Darmstadt 1969.

Hiltbrunner, O. v.: Kleines Lexikon der Antike, 4. Aufl., Bern und München 1964.

Honigsheim, P.: Wirtschaftsgeschichte (II) Epochen: (2) Altertum: (B) Altamerikanische Hochkulturen, in: Handwörterbuch der Sozialwissenschaften (HDSW), Bd. 12, S. 156 f.

Jaeck, H.-J.: Marketing und Regional Science, Berlin 1972.

Judeich, W.: Topographie von Athen, in: Handbuch der Altertumswissenschaft, Bd. 3.2.2.

Kandler, S.: Brief an Verfasser, Bonn, 24. 3. 1964, Institut für Terminologieforschung, Bonn.

Kellenbenz, H.: Wirtschaftsgeschichte (I) Grundlegung, in: Handwörterbuch der Sozialwissenschaften (HDSW), Bd. 12, S. 124 ff.

— Handelsgeschichte, in: Handwörterbuch der Sozialwissenschaften (HDSW), Bd. 4, S. 794 ff.

Keller, W.: Und die Bibel hat doch recht — Forscher beweisen die historische Wahrheit, Düsseldorf - Wien 1955.

— Denn sie entzündeten das Licht, Locarno 1975.

Kirsten, E.: Von der Vorzeit bis zum Mittelalter, Raum und Bevölkerung in der Weltgeschichte, Bevölkerungs-Ploetz, Bd. 2, 3. Aufl., Würzburg 1968.

Kleberg, T.: In den Wirtshäusern und Weinstuben des antiken Rom, aus dem Schwedischen übersetzt von *W. Braun*, 2. Aufl., Darmstadt 1966.

Kluge, F.: Etymologisches Wörterbuch der Deutschen Sprache, 20. Aufl., bearb. v. *W. Mitzka*, Berlin 1967.

Krause, C.: Basilika, in: Lexikon der Alten Welt, Sp. 438 f.

— Emporion, in: Lexikon der Alten Welt, Sp. 810.

— Forum, in: Lexikon der Alten Welt, Sp. 993.

— Horreum, in: Lexikon der Alten Welt, Sp. 1334.

— Macellum, in: Lexikon der Alten Welt, Sp. 1803.

— Römische Stadt, in: Lexikon der Alten Welt, S. 2897.

— Tabernae, in: Lexikon der Alten Welt, Sp. 2969.

Kulischer, J.: Allgemeine Wirtschaftsgeschichte des Mittelalters und der Neuzeit, Bd. I: Das Mittelalter, 3. Aufl., München - Wien 1965.

Lavedan, P.: Géographie des Villes, Géographie Humaine, Nr. 9, hrsg. von *P. Deffontaines*, Neue Ausgabe, Paris 1959.

Lehmann-Hartleben: Städtebau, in: Paulys Realencyclopädie der classischen Altertumswissenschaft, 2. Reihe, Halbbd. 6, S. 1983 ff.

Libby, W.: Radiocarbon-Datin, 2. Aufl., Chicago 1955.

Löffelholz, J.: Handelsgeschichte, in: Handwörterbuch der Betriebswirtschaft (HWB), Bd. 2, Sp. 2554 ff.

Machiavelli, N.: Vom Staate, hrsg. von *H. Foerke*, Darmstadt 1967.

Marquardt, J.: Das Privatleben der Römer, 2. Teil, Nachdruck der 2. Aufl., Leipzig 1886, Darmstadt 1964.

Martin, R.: Recherches sur l'agora grecque, Paris 1951.

Müller, I. v.: Griechische Privataltertümer, in: Handbuch der klassischen Altertumswissenschaft, 4. Bd. 1. Abteilung, 2. Hälfte.

— Die römischen Altertümer, in: Handbuch der klassischen Altertumswissenschaft, Bd. 4.2, S. 379 ff.

Müller-Wille, W.: Arten der menschlichen Siedlung. Versuch einer Begriffsbestimmung und Klassifikation, in: Ergebnisse und Probleme moderner geographischer Forschung, *H. Mortensen* zum 60. Geburtstag, Bremen-Horn 1954.

Mumford, L.: Die Stadt. Geschichte und Ausblick, aus dem Amerikanischen übersetzt von *H. Lindemann*, Köln 1963.

Passarge, S.: Stadtbaulandschaften im arabischen Orient, in: Stadtlandschaften der Erde, hrsg. von *S. Passarge*, Hamburg 1930, S. 79 ff.

Pausanias: Beschreibung Griechenlands, übersetzt von *E. Meyer*, 2. Aufl., Zürich und Stuttgart 1967.

Pevsner, N.: Europäische Architektur, 2. Aufl., Studienausgabe, München 1967.

Picard, G.: Rom, übertragen aus dem Französischen von *W. Zschietzschmann*, Archaeologia Mundi, München - Genf - Paris 1969.

Platon: Politeia.

Pothard, H.: Baustile. Die Anfänge, die großen Epochen, die Gegenwart, München 1968.

Reinhardt, K.: Herodots Persergeschichten, in: *Herodot*. Eine Auswahl aus der neueren Forschung, hrsg. von *W. Marg*, Wege der Forschung, Bd. 26, 2. Aufl., Darmstadt 1965.

Reuther, O.: Basar, Bazar, in: Wasmuths Lexikon der Baukunst, Bd. 1, S. 340.

— Isfahan, Isphahan (Persien), in: Wasmuths Lexikon der Baukunst, Bd. 3, S. 227.

Richthofen, F. v.: Allgemeine Siedlungs- und Verkehrsgeographie, Berlin 1908.

Rüstow, A.: Ortsbestimmung der Gegenwart. Eine universalgeschichtliche Kulturkritik. Bd. I: Ursprung der Herrschaft, Erlenbach-Zürich / Stuttgart 1950.

Sander, P.: Geschichte des deutschen Städtewesens, Bonner Staatswissenschaftliche Untersuchungen, hrsg. von *H. Dietzel* et al., Heft 6, Bonn - Leipzig 1922.

Schneider, W.: Überall ist Babylon. Die Stadt als Schicksal des Menschen von Ur bis Utopia, Knaur Taschenbuch Nr. 79, München / Zürich 1965.

Schwarz, G.: Allgemeine Siedlungsgeographie, 3. Aufl., Berlin 1966.

Soldner, H.: Die City als Einkaufszentrum im Wandel von Wirtschaft und Gesellschaft, Betriebswirtschaftliche Schriften, Heft 27, Berlin 1968.

Speer, A.: Erinnerungen, 3. Aufl., Frankfurt - Berlin 1969.

Thompson, H. A.: The Athenian Agora, 2. Aufl., o. O. 1962.

Thurwald, R.: Sippe und Stamm, in: Handwörterbuch der Sozialwissenschaften (HDSW), Bd. 9, S. 272 ff.

Vacano, O. W. v.: Terramarekultur, in: Lexikon der Alten Welt, Sp. 3015 f.

Vitruv: De Architectura Libri Decem, hrsg. von *C. Fensterbusch*, Darmstadt 1964.

Weber, M.: Wirtschaft und Gesellschaft, 2 Halbbde., Köln - Berlin 1964.

— Die Stadt, in: Archiv für Sozialwissenschaften und Sozialpolitik, Bd. 47, 1921, S. 621 ff., z. T. wieder abgedruckt in: Die Stadt des Mittelalters, hrsg. von *C. Haase*, 1. Bd.: Begriff, Entstehung und Ausbreitung, Wege der Forschung, Bd. CCXLIII, Darmstadt 1969, S. 35 ff.

Wycherley, R. E.: How the Greeks built Cities, 2. Aufl., London 1962.

Wymer: Marktanlagen, in: Paulys Real-Encyclopädie der classischen Altertumswissenschaften, B. 14. 2., Sp. 1869 ff.

Xenophon: Oikonomikos.

Ziegler, K., *Sontheimer,* W. (Hrsg.): Der Kleine Pauly, Lexikon der Antike, Bd. 1, Stuttgart o. J.

Zucker, P.: Town and Square. From the Agora to the Village Green, New York - London 1959.

Printed by Libri Plureos GmbH
in Hamburg, Germany